HandSumbook

통기초
일본어
생활회화

이지랭기지 스터디 엮음
Easy Language Study

정진출판사

이 책의 구성

　일본어는 우리말과 어법이 비슷하여 많은 사람들이 배우는 언어로 자리잡고 있습니다. 그러나 막상 시작하려고 하면 어떤 교재가 좋을지 고민되는 것이 사실입니다. 외국어를 효과적으로 익히는 방법은 무엇보다 단어를 많이 외우고 실제로 쓰이는 문장을 많이 접해보는 것이 가장 좋습니다.

- 이 책은 포켓북 형식으로 구성되어 언제 어디서나 가볍게 휴대하며 학습할 수 있습니다.

- 인사말과 같은 기본적인 회화부터 감정을 나타내는 회화에 이르기까지 일상생활에 쓰이는 모든 표현들을 모아서 핵심적인 내용만을 뽑아 실었으며, 주요 표현은 간단한 대화 형식으로 구성되어 학습 효과를 높일 수 있습니다.

- 본문에 나오는 단어뿐만 아니라 관련단어를 따로 실어서 단어 실력을 키울 수 있습니다.

- 각 장마다 해당되는 문법과 생활정보 등을 실어서 일본의 문화를 엿볼 수 있습니다.

- 원어민 발음에 가까운 한글 발음 표기로 일본어를 처음 접하는 학습자들도 쉽게 익힐 수 있습니다.

　부디 이 책이 일본어에 더 관심을 갖고 실력을 쌓을 수 있는 계기가 되었으면 하는 바람입니다.

목 차

이 책의 구성 /3
목차 /4

1장　　　　　　　인사와 소개

1. 인사 /10
2. 처음 만났을 때 /12
3. 오랜만에 만났을 때 /14
4. 안부를 물을 때 /16
5. 헤어질 때 /18
6. 누구인지 물을 때 /20
7. 소개하기 /22
8. 국적 묻기 /24
9. 직업 묻기 /26
10. 출신지, 거주지 묻기 /28
11. 나이를 물을 때 /30
12. 가족소개 /32

관련단어　가족호칭 / 직업 / 국가 / 지역명

2장　　　　　　　시간과 날씨

1. 시간을 물을 때 /38
2. 요일을 물을 때 /40
3. 날짜를 물을 때 /42
4. 시간에 관한 표현 /44
5. 약속을 정할 때 /46
6. 날씨표현 1 /48
7. 날씨표현 2 /50
8. 자연재해 /52

관련단어　날씨표현 / 연·월·일 / 시간 / 날짜 / 숫자

3장　　　　　　　의견・감정・관심

1. 긍정의 표현　　　　　　　　　　/ 60
2. 맞장구 치기　　　　　　　　　　/ 62
3. 부정의 표현　　　　　　　　　　/ 64
4. 기쁠 때　　　　　　　　　　　　/ 66
5. 기분이 좋지 않을 때　　　　　　/ 68
6. 화나거나 놀랐을 때　　　　　　 / 70
7. 실망, 불만일 때　　　　　　　　/ 72
8. 위로할 때　　　　　　　　　　　/ 74
9. 칭찬할 때　　　　　　　　　　　/ 76
10. 사과할 때　　　　　　　　　　/ 78
11. 제안, 요청할 때　　　　　　　 / 80
12. 허락, 허가의 표현　　　　　　 / 82
13. 거절할 때　　　　　　　　　　/ 84
14. 명령할 때　　　　　　　　　　/ 86
15. 외모에 대한 표현　　　　　　 / 88
16. 성격에 대한 표현　　　　　　 / 90
17. 호감을 나타낼 때　　　　　　 / 92

관련단어　　외모 / 성격 / 감정표현

4장　　　　　　　　일상생활

1. 학교 생활　　　　　　　　　　 / 98
2. 회사 생활　　　　　　　　　　 / 100
3. 주거　　　　　　　　　　　　　/ 102
4. 휴가 계획　　　　　　　　　　 / 104
5. 취미 생활　　　　　　　　　　 / 106
6. 스포츠　　　　　　　　　　　　/ 108
7. 종교　　　　　　　　　　　　　/ 110

8. 병원에서	/112
9. 약국에서	/114
10. 우체국에서	/116
11. 미용실에서	/118
12. 도서관에서	/120
13. 은행에서	/122
14. 극장에서	/124

관련단어 학교 / 회사 / 직위 / 취미 / 스포츠 / 종교 / 증상·병원 / 우체국 / 미용실 / 은행업무

5장   전화

1. 전화를 걸 때	/134
2. 전화를 받을 때	/136
3. 부재중일 때	/138
4. 말을 전할 때	/140
5. 기타 전화 상황	/142

관련단어 전화

6장   초대 · 방문 · 축하

1. 초대할 때	/146
2. 방문할 때	/148
3. 손님을 맞이할 때	/150
4. 식사를 대접할 때	/152
5. 손님을 배웅할 때	/154
6. 축하의 표현	/156
7. 감사의 표현	/158
8. 기념일 축하	/160

관련단어 기념일

7장 쇼핑·식사

1. 물건을 고를 때 / 164
2. 슈퍼에서 / 166
3. 가격 흥정하기 / 168
4. 물건값 계산하기 / 170
5. 교환, 반품 / 172
6. 음식점에서 / 174
7. 음식 주문하기 / 176
8. 패스트푸드점에서 / 178
9. 맛에 대한 표현 / 180
10. 술을 마실 때 / 182
11. 식사 시의 기타 요청 / 184
12. 식사비 계산하기 / 186

관련단어 색깔 / 옷·액세서리 / 술·음료 / 일본요리 / 맛 / 요리법·조미료

8장 교통

1. 길을 물을 때 / 194
2. 길을 안내할 때 / 196
3. 버스를 이용할 때 / 198
4. 택시를 이용할 때 / 200
5. 지하철을 이용할 때 / 202
6. 열차를 이용할 때 / 204
7. 기내에서 / 206

관련단어 교통수단

9장 관광

1. 출입국 심사 / 210

2. 수하물 찾기 /212
3. 세관에서 /214
4. 방 예약, 방 구하기 /216
5. 체크인하기 /218
6. 룸서비스 /220
7. 물품 보관 /222
8. 체크아웃 /224
9. 관광지에서 /226
10. 사진을 찍을 때 /228

관련단어 공항 / 방종류·룸서비스 / 관광지

10장   위급상황

1. 도둑 맞았을 때 /234
2. 물건을 잃어버렸을 때 /236
3. 사고를 당했을 때 /238
4. 고장 난 것을 수리할 때 /240

관련단어 분실·도난·사고 / 고장·수리

부록

부록 - 그림단어 /244

1장 인사와 소개

1. 인사
2. 처음 만났을 때
3. 오랜만에 만났을 때
4. 안부를 물을 때
5. 헤어질 때
6. 누구인지 물을 때
7. 소개하기
8. 국적 묻기
9. 직업 묻기
10. 출신지, 거주지 묻기
11. 나이를 물을 때
12. 가족소개

japanese

제1장 1. 인사

> **주요표현**
>
> A : 行ってきます。
> 잇떼 키마스
>
> B : 行っていらっしゃい。
> 잇떼 이랏샤이
>
> A : 다녀오겠습니다.
> B : 다녀오세요.

안녕하세요?(아침인사)

おはよう。
오하요-

> 아침인사인 おはよう에 ございます를 붙이면 조금 더 공손한 표현이 됩니다.

안녕하세요?(낮인사)

こんにちは。
곤니찌와

안녕하세요?(저녁인사)

こんばんは。
곰방와

어젯밤은 푹 주무셨어요?

ゆうべはぐっすり眠れましたか。
유-베와 굿스리 네무레마시타까

날씨가 좋네요.

いい天気ですね。
이- 텡끼데쓰네

인사와 소개

오늘 기분은 어떠십니까?
今日のご気分はいかがですか。
쿄-노 고키붕와 이카가데스까

몸은 어때요?
体の調子はどうですか。
카라다노 쵸-시와 도-데스까

무슨 좋은 일이라도 있습니까?
何かいいことでもありますか。
나니까 이이코또데모 아리마스까

별다른 일은 없었나요?
変わったことはないですか。
카왓따코또와 나이데스까

안녕히 주무세요.
お休みなさい。
오야스미나사이

> お休みなさい는 자기 전에 하는 인사말이지만, 헤어질 때의 인사말로도 많이 쓰입니다.

다녀왔습니다.
ただいま。
타다이마

어서 오세요.
お帰りなさい。
오카에리나사이

11

제1장 2. 처음 만났을 때

주요표현

A : はじめまして。金です。
하지메마시떼 김데스

B : はじめまして。小林です。
하지메마시떼 고바야시데스

A : 처음 뵙겠습니다. 김입니다.
B : 처음 뵙겠습니다. 고바야시입니다.

만나 뵙게 되어 기쁩니다.

お会いできてうれしいです。
오아이데키떼 우레시-데스

알게 되어 기쁘게 생각합니다.

お知り合いになれてうれしく思います。
오시리아이니 나레떼 우레시쿠 오모이마스

만나서 반갑습니다.

お目にかかれてうれしいです。
오메니 카카레떼 우레시-데스

저는 김이라고 합니다.

わたしは金と申します。
와따시와 김토 모-시마스

성함이 어떻게 되세요?

お名前は何とおっしゃいますか。
오나마에와 난또 옷샤이마스까

인사와 소개

죄송합니다. 자기 소개가 늦어졌습니다.

すみません。自己紹介が遅くなりました。

스미마셍 지코쇼-까이가 오소꾸 나리마시따

말씀 많이 들었습니다.

うわさは聞いてました。

우와사와 키이떼마시따

잘 부탁드립니다.

どうぞよろしくお願いします。

도-조 요로시쿠 오네가이시마스

저야말로 잘 부탁드립니다.

こちらこそよろしく。

고치라코소 요로시꾸

어디서 만난 적 없습니까?

どこかでお会いしたことはありませんか。

도코카데 오아이시타코또와 아리마셍까

제1장 3. 오랜만에 만났을 때

주요표현

A : お久しぶりですね。お元気ですか。
오히사시부리데스네 오겡끼데스까

B : おかげさまで元気です。
오카게사마데 겡끼데스

A : 오랜만이네요. 건강하세요?
B : 덕분에 건강해요.

정말 오래간만이군요.

本当に久しぶりですね。
혼또-니 히사시부리데스네

오래간만이네요.

しばらくですね。
시바라꾸데스네

정말 오래간만입니다.

本当にしばらくでした。
혼또-니 시바라꾸데시타

야, 몇 년 만입니까?

やあ、何年ぶりですか。
야- 난넴부리데스까

3년 만이군요.

3年ぶりですね。
산넴부리데스네

인사와 소개

여전하군요.
相変わらずですね。
아이카와라즈데스네

건강해 보이네요.
元気そうですね。
겡끼소-데스네

별일 없으셨습니까?
お変わりありませんでしたか。
오카와리 아리마센데시타까

뵙고 싶었습니다.
お会いしたかったです。
오아이시타캇따데스

그동안 별일 없으셨나요?
その後お変わりありませんか。
소노고 오카와리 아리마셍까

제1장   4. 안부를 물을 때

주요표현

A : お仕事のほうはうまくいっていますか。
오시고또노 호-와 우마꾸 잇떼 이마스까

B : 何とかやっております。
난또까 얏떼 오리마스

A : 하시는 일은 잘 되세요?
B : 그럭저럭 하고 있습니다.

하시는 일은 바쁘세요?
お仕事は忙しいですか。
오시고또와 이소가시-데스까

아주 바쁩니다.
とても忙しいです。
도떼모 이소가시-데스

요즘 어떻게 지내십니까?
この頃どう過ごされていますか。
고노고로 도- 스고사레떼 이마스까

요즘은 어떠십니까?
この頃はいかがですか。
고노고로와 이카가데스까

그저 그래요.
まあまあです。
마-마-데스

인사와 소개

좀 어떠세요? (안녕하십니까?)
ご機嫌いかがですか。
고키겡 이카가데스까

부모님은 건강하십니까?
ご両親はお元気ですか。
고료-신와 오겡끼데스까

하시는 일은 잘 되십니까?
お仕事のほうは順調ですか。
오시고또노 호-와 쥰쵸-데스까

덕분에 잘 지냅니다.
おかげさまで元気でやっています。
오카게사마데 겡끼데 얏떼 이마스

건강하게 지내고 있습니다.
元気で過ごしています。
겡끼데 스고시떼 이마스

제1장 5. 헤어질 때

> A : じゃ、またお会いましょう。
> 쟈 마타 아이마쇼-
>
> B : じゃ、またあした。
> 쟈 마타 아시타
>
> A : 그럼 또 뵙죠.
> B : 그럼 내일 또 (뵙시다).

이제 가보겠습니다.

もうおいとまいたします。
모- 오이토마이따시마스

그럼 슬슬 가보겠습니다.

それじゃ、そろそろ行きます。
소레쟈 소로소로 이키마스

사토 씨에게도 안부 전해 주세요.

佐藤さんにもよろしくお伝えください。
사토-산니모 요로시쿠 오쯔타에 쿠다사이

또 뵙죠.

またお会いしましょう。
마타 오아이시마쇼-

그럼 그때 또 (뵙겠습니다.)

それじゃ、またその時に。
소레쟈 마타 소노 토끼니

인사와 소개

언제 가까운 시일에 또 만납시다.

いずれ近いうちにまた会いましょう。

이즈레 치카이우찌니 마타 아이마쇼-

안녕히 가세요.

さようなら。

사요-나라

안녕히 가세요.

ごきげんよう。

고키겡요-

조심해서 들어가세요.

気をつけてお帰りください。

키오 쯔케떼 오카에리 쿠다사이

그럼 조심해서 가세요.

では、気をつけて。

데와 키오 쯔케떼

그럼, 나중에 봐.

じゃあ、あとでね。

쟈- 아또데네

제1장   6. 누구인지 물을 때

> A : あのかたはどなたですか。
> 아노 카따와 도나타데스까
>
> B : あの人は大野さんです。
> 아노 히또와 오-노산데스
>
> A : 저분은 누구세요?
> B : 저 사람은 오노 씨입니다.

저 사람은 누구야?
あの人はだれなの？
아노 히또와 다레나노

저의 선배입니다.
わたしの先輩です。
와따시노 셈빠이데스

그는 나의 (상사/부하)입니다.
その人はわたしの(上司/部下)です。
소노 히또와 와따시노 (죠-시/부카)데스

우리는 아는 사이입니다.
わたしたちは知り合いです。
와따시타찌와 시리아이데스

야마다와 저는 어렸을 적 친구입니다.
山田と私は幼なじみです。
야마다또 와따시와 오사나나지미데스

인사와 소개

그는 내 친구입니다.
その人は私の友人です。
소노 히토와 와따시노 유-진데스

새로 입사한 신입사원입니다.
新しく入社した新入社員です。
아타라시꾸 뉴-샤시따 신뉴-샤인데스

우리 회사의 사장님입니다.
うちの会社の社長です。
우찌노 카이샤노 샤쬬-데스

우리는 같은 대학교를 나왔습니다.
わたしたちは同じ大学を出ました。
와따시타찌와 오나지 다이가꾸오 데마시따

같은 회사에 근무하는 동료입니다.
同じ会社に勤める同僚です。
오나지 카이샤니 쯔토메루 도-료-데스

저희 부장님입니다.
うちの部長です。
우찌노 부쬬-데스

제1장 7. 소개하기

> A : ご紹介いたします。こちらは大野さんです。
> 고쇼-카이이따시마스 고찌라와 오-노산데스
>
> B : はじめまして。よろしくお願いします。
> 하지메마시떼 요로시꾸 오네가이시마스
>
> A : 소개해 드리겠습니다. 이분은 오노 씨입니다.
> B : 처음 뵙겠습니다. 잘 부탁드립니다.

제게 그분을 소개시켜 주시지 않겠습니까?

私にそのかたをご紹介いただけませんか。

와따시니 소노 카따오 고쇼-카이 이타다케마셍까

스즈키 씨를 소개하겠습니다.

鈴木さんを紹介しましょう。

스즈키상오 쇼-카이시마쇼-

이쪽은 제 안사람이고, 이쪽은 제 아들 겐타입니다.

これは妻で、これは息子の健太です。

고레와 쯔마데 고레와 무스코노 켄타데스

제 남편입니다.

うちの主人です。

우찌노 슈진데스

야마다라고 합니다. 잘 부탁드립니다.

山田と申します。よろしくお願いします。

야마다토 모-시마스 요로시쿠 오네가이시마스

인사와 소개

야마다 씨, 이쪽은 다나카 씨입니다.
山田さん、こちらは田中さんです。
야마다상 고찌라와 다나카산데스

오노 과장님입니다.
課長の大野さんです。
카쵸-노 오-노산데스

성함이 어떻게 되십니까?
お名前は何とおっしゃいますか。
오나마에와 난또 옷샤이마스까

이름은 어떻게 읽습니까?
お名前は何と読みますか。
오나마에와 난또 요미마스까

명함입니다. 받으시죠.
名刺です。どうぞ。
메-시데스 도-조

명함을 드리겠습니다.
名刺をさしあげましょう。
메-시오 사시아게마쇼-

다나카라고 불러주세요.
田中と呼んでください。
다나카또 욘데 쿠다사이

제1장 8. 국적 묻기

> A : どちらからですか。
> 도찌라카라데스까
>
> B : 韓国です。
> 캉코꾸데스
>
> A : 어디에서 오셨어요?
> B : 한국이요.

당신의 국적은 어디입니까?

あなたの国はどこですか。
아나따노 쿠니와 도꼬데스까

어느 나라 사람입니까?

お国はどちらですか。
오쿠니와 도찌라데스까

영국입니다. 브라운 씨는요?

イギリスです。ブラウンさんは。
이기리스데스 브라운상와

미국입니다.

アメリカです。
아메리카데스

중국에서 왔습니다.

中国から来ました。
츄-고쿠까라 키마시따

인사와 소개

한국의 서울이라는 곳입니다.
韓国のソウルというところです。
강코꾸노 소-루토이유 토꼬로데스

일본 분이십니까?
日本の方ですか。
니혼노 카타데스까

저는 일본인이 아닙니다. 한국인입니다.
私は日本人じゃありません。韓国人です。
와따시와 니혼진쟈 아리마셍 캉코꾸진데스

당신은 정말 외국인처럼 생겼어요.
あなたは本当に外国人みたいですね。
아나따와 혼또-니 가이코꾸진미타이데스네

제1장 9. 직업 묻기

> A : 山田さんのご職業は何ですか。
> 야마다산노 고쇼꾸교-와 난데스까
>
> B : わたしは銀行につとめています。
> 와따시와 깅꼬-니 쯔토메떼 이마스
>
> A : 야마다 씨의 직업은 무엇입니까?
> B : 저는 은행에 다니고 있습니다.

무슨 일을 하세요?
お仕事は。
오시고또와

실례합니다만, 직업은요?
失礼ですが、ご職業は。
시쯔레-데스가 고쇼꾸교-와

저는 신문사에서 일하고 있습니다.
わたしは新聞社につとめています。
와따시와 심분샤니 쯔토메떼 이마스

저는 가정주부입니다.
わたしは家庭の主婦です。
와따시와 카테-노 슈후데스

무역회사를 경영하고 있습니다.
貿易会社を経営しています。
보-에끼가이샤오 케-에-시떼 이마스

인사와 소개

연극을 하고 있습니다.
演劇をしています。
엥게끼오 시떼 이마스

미술관련 일입니다.
美術関係の仕事です。
비쥬쯔캉케-노 시고또데스

선생님을 하고 있습니다.
先生をやっています。
센세-오 얏떼 이마스

일본어 통역 가이드를 하고 있습니다.
日本語の通訳ガイドをやっています。
니홍고노 쯔-야꾸가이도오 얏떼 이마스

저는 전문학교에서 음악을 공부하고 있습니다.
私は専門学校で音楽を勉強しています。
와따시와 셈몽각꼬-데 옹가꾸오 벵쿄-시떼 이마스

제1장   10. 출신지, 거주지 묻기

주요표현

A : お宅はどちらですか。
오타쿠와 도찌라데스까

B : 東京です。
도-쿄-데스

A : 댁은 어디세요?
B : 도쿄입니다.

어디 출신이세요?

どこの出身ですか。

도꼬노 슛신데스까

고향은 어디세요?

お国はどちらですか。

오쿠니와 도찌라데스까

어디 출신입니까?

どこのお生まれですか。

도꼬노 오우마레데스까

어디에 살고 계십니까?

どこに住んでいらっしゃいますか。

도꼬니 슨데 이랏샤이마스까

저는 한국의 서울에 살고 있습니다.

私は韓国のソウルに住んでいます。

와따시와 캉꼬꾸노 소-루니 슨데 이마스

인사와 소개

부산에서 왔습니다.
釜山から来ました。
부상까라 키마시따

교토에서 왔습니다.
京都から来ました。
쿄-토까라 키마시따

고향은 오사카입니다.
地元は大阪です。
지모토와 오-사카데스

도쿄에 혼자 삽니다.
東京で一人暮らしをしています。
도-쿄-데 히토리구라시오 시떼 이마스

📎 国(くに)는 나라, 국적이라는 뜻을 가지고 있지만 고향이나 출신지를 물을 때도 쓰입니다. 이는 예전의 일본은 지형적 특성상 서로 왕래가 적었고, 그에 따라 마을별로 작은 나라의 개념을 형성하고 있었기 때문이라고 할 수 있습니다.

제1장

11. 나이를 물을 때

> **주요표현**
>
> A : 失礼ですが、今おいくつですか。
> 시쯔레-데스가 이마 오이쿠쯔데스까
>
> B : 26才です。
> 니쥬-록사이데스
>
> A : 실례지만, 나이가 어떻게 되세요?
> B : 26세입니다.

연세가 어떻게 되십니까?
おいくつでいらっしゃいますか。
오이쿠쯔데 이랏샤이마스까

몇 살이에요?
何歳ですか。
난사이데스까

몇 년 생이세요?
何年生まれですか。
난넨 우마레데스까

올해 서른입니다.
今年30になります。
고또시 산쥬-니 나리마스

스무 살입니다.
20才です。
하타찌데스

인사와 소개

저는 1980년생입니다.
わたしは １９８０年 生まれです。
<small>せんきゅうひゃくはちじゅうねん う</small>

와따시와 셍큐-햐꾸하찌쥬-넨 우마레데스

저는 쇼와 55년생입니다.
わたしは昭和５５年生まれです。
<small>しょうわ ごじゅうご ねん う</small>

와따시와 쇼-와 고쥬-고넨 우마레데스

무슨 띠세요?
何どしですか。
<small>なに</small>

나니도시데스까

저는 원숭이 띠입니다.
わたしは猿どしです。
<small>さる</small>

와따시와 사루도시데스

형은 나보다 2살이 많습니다.
兄は私より２コ上です。
<small>あに わたし うえ</small>

아니와 와따시요리 니꼬우에데스

📎 일본은 연호라는 것이 있어서 서기로 세는 것 말고도 昭和(しょうわ, 쇼와)・平成(へいせい, 헤이세이) 등의 연호로도 년도를 나타내며 생년월일을 말할 때도 연호를 사용합니다. 예를 들어 1980년생이면, 그 당시의 연호는 昭和이고 55년이 됩니다.

제1장 12. 가족 소개

> A : 田中さんは何人家族ですか。
> 다나카상와 난닝 카조꾸데스까
>
> B : 4人家族です。両親と姉が一人います。
> 요닝카조꾸데스 료-신또 아네가 히또리 이마스
>
> A : 다나카 씨는 가족이 몇 명입니까?
> B : 4명입니다. 부모님과 언니가 한 명 있습니다.

형제 중에 몇 번째입니까?
兄弟の中で何番目ですか。
쿄-다이노 나카데 남밤메데스까

저는 장남입니다.
私は長男です。
와따시와 쵸-난데스

> 장녀 長女(ちょうじょ)
> 차남 次男(じなん)

차녀입니다.
次女です。
지죠데스

막내입니다.
末っ子です。
스엣꼬데스

외동입니다.
一人っ子です。
히또릭코데스

인사와 소개

형제는 있으세요?

ご兄弟はいますか。

고쿄-다이와 이마스까

남편과 저 둘뿐입니다.

主人と私、ふたりです。

슈진또 와따시 후타리데스

자제분은 있으신가요?

お子さんはいらっしゃいますか。

오코상와 이랏샤이마스까

(아들/딸)입니다.

(息子/娘)です。

(무스코/무스메)데스

큰 애가 아들이고, 작은 애가 딸이에요.

上が男の子で、下が女の子です。

우에가 오또코노코데 시타가 온나노코데스

아이는 아직 없습니다.

子供はまだいません。

코도모와 마다 이마셍

큰 애는 이미 결혼했습니다.

上の子はもう結婚しています。

우에노 코와 모- 겟꽁시떼 이마스

관련단어

가족호칭

할아버지	祖父(そふ)	소후
할머니	祖母(そぼ)	소보
아버지	父(ちち)	치찌
어머니	母(はは)	하하
형, 오빠	兄(あに)	아니
언니, 누나	姉(あね)	아네
남동생	弟(おとうと)	오토-또
여동생	妹(いもうと)	이모-또
삼촌, 아저씨	おじさん	오지상
이모, 아주머니	おばさん	오바상
주인, 남편	主人(しゅじん)	슈진
남편	夫(おっと)	옷또
아내	妻(つま)	쯔마
부인	奥(おく)さん	옥상
아들	息子(むすこ)	무스코
딸	娘(むすめ)	무스메

직업

직업	職業(しょくぎょう)	쇼꾸교-
주부	主婦(しゅふ)	슈후
은행원	銀行員(ぎんこういん)	깅꼬-인
의사	医者(いしゃ)	이샤
간호사	看護婦(かんごふ)	캉고후
검사	検事(けんじ)	켄지

변호사	**弁護士(べんごし)**	벵고시
회사원	**会社員(かいしゃいん)**	카이샤잉
샐러리맨	**サラリーマン**	사라리-망
비서	**秘書(ひしょ)**	히쇼
교수	**教授(きょうじゅ)**	쿄-쥬
선생님	**先生(せんせい)**	센세-
학생	**学生(がくせい)**	각세-
디자이너	**デザイナー**	데자이나-
화가	**画家(がか)**	가카
모델	**モデル**	모데루
작가	**作家(さっか)**	삭까

국가

한국	**韓国(かんこく)**	캉코꾸
중국	**中国(ちゅうごく)**	츄-고꾸
대만	**台湾(たいわん)**	타이완
이탈리아	**イタリア**	이타리아
미국	**アメリカ**	아메리카
캐나다	**カナダ**	카나다
영국	**イギリス**	이기리스
프랑스	**フランス**	후랑스
브라질	**ブラジル**	브라지루
오스트레일리아	**オーストラリア**	오-스토라리아
독일	**ドイツ**	도이츠
러시아	**ロシア**	로시아
네덜란드	**オランダ**	오란다

 **관련단어**

아르헨티나	アルゼンチン	아르젠찐
인도	インド	인도

지역명

도쿄	東京(とうきょう)	도-쿄-
오사카	大阪(おおさか)	오-사카
교토	京都(きょうと)	쿄-토
나라	奈良(なら)	나라
지바	千葉(ちば)	치바
요코하마	横浜(よこはま)	요코하마
시즈오카	静岡(しずおか)	시즈오카
사이타마	埼玉(さいたま)	사이타마
센다이	仙台(せんだい)	센다이
아오모리	青森(あおもり)	아오모리
니가타	新潟(にいがた)	니-가따
나가노	長野(ながの)	나가노
군마	群馬(ぐんま)	굼마
홋카이도	北海道(ほっかいどう)	홋까이도-
삿포로	札幌(さっぽろ)	삽뽀로
나고야	名古屋(なごや)	나고야
돗토리	鳥取(とっとり)	돗토리
나가사키	長崎(ながさき)	나가사키
히로시마	広島(ひろしま)	히로시마
후쿠오카	福岡(ふくおか)	후쿠오카
오키나와	沖縄(おきなわ)	오키나와

2장

시간과 날씨

1. 시간을 물을 때
2. 요일을 물을 때
3. 날짜를 물을 때
4. 시간에 관한 표현
5. 약속을 정할 때
6. 날씨표현 1
7. 날씨표현 2
8. 자연재해

japanese

제2장   1. 시간을 물을 때

> **주요표현**
>
> A : 今^{いま}何^{なん}時^じですか。
> 이마 난지데스까
>
> B : １２時^{じゅうにじ}です。
> 쥬-니지데스
>
> A : 지금 몇 시입니까?
> B : 12시입니다.

지금 몇 분입니까?
今何分ですか。
이마 남뿐데스까

오후 1시 반입니다.
午後１時半です。
고고 이찌지 한데스

정각 9시입니다.
ちょうど９時です。
쵸-도 쿠지데스

조금 있으면 8시입니다.
もう少ししたら８時です。
모- 스코시시따라 하찌지데스

거의 3시입니다.
だいたい３時です。
다이따이 산지데스

38

시간과 날씨

6시가 다 됐습니다.
6時近くです。
로꾸지 치카꾸데스

5시 6분 지났습니다.
5時6分すぎです。
고지 롭뿐스기데스

5시가 좀 지났습니다.
5時ちょっとまわりました。
고지 춋또 마와리마시따

10시 10분 전입니다.
10時10分前です。
쥬-지 줍뿐마에데스

이 시계는 5분 빠릅니다.
この時計は5分早いです。
고노 도케-와 고훙 하야이데스

이 시계는 2분 느립니다.
この時計は2分遅れています。
고노 도케-와 니훙 오쿠레떼 이마스

점심시간은 12시부터입니다.
昼休みは12時からです。
히루야스미와 쥬-니지까라데스

제2장 2. 요일을 물을 때

> A : 今日は何曜日ですか。
> 쿄-와 낭요-비데스까
>
> B : 水曜日じゃないですか。
> 스이요-비쟈나이데스까
>
> A : 오늘은 무슨 요일입니까?
> B : 수요일 아닌가요?

지난 주 목요일에 친구를 만났습니다.
先週の木曜日、友達に会いました。
센슈-노 모꾸요-비 토모다찌니 아이마시타

이번 주 금요일은 14일입니다.
今週の金曜日は１４日です。
곤슈-노 킹요-비와 쥬-욕카데스

다음 주 일요일까지 계속됩니다.
来週の日曜日まで続きます。
라이슈-노 니찌요-비마데 쯔즈키마스

매주 토요일은 쉽니다.
休みは毎週土曜日です。
야스미와 마이슈- 도요-비데스

다음 달부터 학교에 갑니다.
来月から学校へ行きます。
라이게쯔까라 각꼬-에 이키마스

시간과 날씨

지난 주에는 고향에 다녀왔습니다.
先週は実家に行ってきました。
센슈-와 직까니 잇떼키마시타

내일은 뭐하세요?
明日は何をしますか。
아시따와 나니오 시마스까

작년부터 운동을 시작했습니다.
去年から運動を始めました。
쿄넨까라 운도-오 하지메마시타

접수기간은 이번 달 말까지입니다.
受け付け期間は今月末までです。
우케쯔케 키캉와 콩게쯔마쯔마데데스

제2장 3. 날짜를 물을 때

> A : 今日は 何日ですか。
> 쿄-와 난니찌데스까
>
> B : 8日です。
> 요-카데스
>
> A : 오늘은 며칠입니까?
> B : 8일입니다.

겨울방학은 언제부터입니까?
冬休みはいつからですか。
후유야스미와 이쯔카라데스까

신학기는 4월부터 시작됩니다.
新学期は4月から始まります。
신각키와 시가쯔까라 하지마리마스

생일은 언제입니까?
お誕生日はいつですか。
오탄죠-비와 이쯔데스까

오늘은 몇 월 며칠입니까?
今日は何月何日ですか。
쿄-와 낭가쯔 난니찌데스까

오늘은 12월 24일입니다.
今日は12月 24日です。
쿄-와 쥬-니가쯔 니쥬-욕까데스

시간과 날씨

추석은 며칠간 쉽니까?
お盆の休みは何日間ですか。
오본노 야스미와 난니찌칸데스까

3일간 쉽니다.
三日間休みます。
믹까캉 야스미마스

내일은 19일이 아니고 20일입니다.
明日は１９日じゃなくて２０日です。
아시따와 쥬-쿠니찌쟈나쿠떼 하쯔카데스

내일은 5일이고 모레는 6일입니다.
明日は５日で、あさっては６日です。
아시따와 이쯔카데 아삿떼와 무이카데스

매월 30일에는 가족과 함께 지냅니다.
毎月３０日には家族と過ごします。
마이쯔키 산쥬-니찌니와 가조쿠또 스고시마스

제2장 4. 시간에 관한 표현

주요표현

A : 学校までどのくらいかかりますか。
각꼬ー마데 도노쿠라이 카카리마스까

B : 2時間ぐらいかかりますよ。
니지캉구라이 카카리마스요

A : 학교까지 얼마나 걸립니까?
B : 2시간 정도 걸립니다.

집에서 회사까지 몇 분 걸립니까?
家から会社まで何分ですか。
이에까라 카이샤마데 남뿐데스까

걸어서 10분 걸립니다.
歩いて１０分かかります。
아루이떼 쥽뽕 카카리마스

지하철로 40분 걸립니다.
地下鉄で４０分かかります。
치카테쯔데 욘쥽뽕 카카리마스

1시간 이상 걸립니다.
１時間以上かかります。
이치지깡이죠ー 카카리마스

꽤 멀군요.
ずいぶん遠いですね。
즈이분 토오이데스네

시간과 날씨

일본에 온 지 얼마나 됩니까?

日本に来てどのくらいになりますか。

니혼니 키떼 도노쿠라이니 나리마스까

그럭저럭 2개월이 됩니다.

そろそろ2か月になります。

소로소로 니카게쯔니 나리마스

이제 곧 1년이 되네요.

もうすぐ1年ですね。

모- 스구 이찌넨데스네

저는 매일 아침 6시에 일어납니다.

私は毎朝6時に起きます。

와따시와 마이아사 로꾸지니 오키마스

제2장 5. 약속을 정할 때

> A : 明日はいかがですか。
> 아시타와 이카가데스까
>
> B : ええ、いいですよ。
> 에- 이-데스요
>
> A : 내일은 어때요?
> B : 네, 좋아요.

한번 만나고 싶어서.

一度お会いしたくて。

이찌도 오아이시타쿠떼

한번 뵙고 싶습니다만.

一度お目にかかりたいんですが。

이찌도 오메니 카카리따인데스가

언제쯤이 좋을까요?

いつごろがよろしいですか。

이쯔고로가 요로시-데스까

2시 정도는 어떠세요?

2時ごろはいかがですか。

니지고로와 이카가데스까

괜찮습니다.

けっこうです。

겟코-데스

46

시간과 날씨

언제쯤이 가장 좋으세요?

いつごろが一番都合がいいですか。

이쯔고로가 이찌방 쯔고-가 이-데스까

어디에서 만날까요?

どこで会いましょうか。

도코데 아이마쇼-까

장소는 어디로 할까요?

場所はどこにしましょうか。

바쇼와 도코니 시마쇼-까

다음 회의는 다음주 토요일 12시입니다.

次回の会議は来週の土曜日１２時です。

지카이노 카이기와 라이슈-노 도요-비 쥬-니지데스

제2장 6. 날씨표현 1

> A : 今日はいい天気ですね。
> 쿄-와 이- 텡끼데스네
>
> B : そうですね。
> 소-데스네
>
> A : 오늘은 날씨가 좋군요.
> B : 그렇네요.

날씨가 개었습니다.

晴れてきました。

하레떼 키마시따

오늘 아침은 흐렸습니다.

今朝は曇っていました。

케사와 쿠못떼 이마시타

바람이 세졌습니다.

風が強くなりました。

카제가 쯔요꾸 나리마시타

무덥습니다.

蒸し暑いです。

무시아쯔이데스

오늘은 시원하군요.

今日は涼しいですね。

쿄-와 스즈시-데스네

시간과 날씨

요즘 계속 비가 오네요.
この頃はずっと雨です。
고노고로와 즛또 아메데스

비가 올 것 같습니다.
雨が降りそうです。
아메가 후리소-데스

> '비, 눈은 위에서 아래로 내리는 것이기 때문에 降る를 쓰며, 직역해서 来(く)る로 쓰지 않도록 주의합니다.

눈이 오고 있습니다.
雪が降っています。
유키가 훗떼 이마스

오전에는 맑았다가 오후부터 비가 내린다고 합니다.
午前中は晴れ、午後から雨になるそうです。
고젠츄-와 하레 고고까라 아메니 나루소-데스

내일부터 장마라고 합니다.
明日から梅雨だそうです。
아시타까라 쯔유다소-데스

맑은 뒤 흐립니다.
晴れのち曇りです。
하레노치 쿠모리데스

제2장 7. 날씨표현 2

> A : 今日は寒くないですか。
> 쿄-와 사무꾸나이데스까
>
> B : 寒いどころか、暑いくらいです。
> 사무이도코로까 아쯔이쿠라이데스
>
> A : 오늘 춥지 않나요?
> B : 춥기는 커녕 더울 정도입니다.

많이 따뜻해졌네요.
だいぶ暖かくなりましたね。
다이부 아타타카꾸 나리마시타네

곧 꽃놀이 시기네요.
もう花見の時期ですね。
모- 하나미노 지키데스네

오늘도 덥겠군요.
今日も暑くなりそうですね。
쿄-모 아쯔쿠 나리소-데스네

지금 기온은 몇 도입니까?
今の気温は何度ですか。
이마노 키옹와 난도데스까

오늘은 영하 5도입니다.
今日はマイナス5度です。
쿄-와 마이나스 고도데스

시간과 날씨

소나기가 올 것 같아요.
夕立が来そうです。
유-다찌가 키소-데스

갑자기 추워졌습니다.
急に寒くなりました。
큐-니 사무꾸 나리마시타

> 날씨가 춥다(덥다)는 寒い／暑い라고 하며, 天気が寒い로 잘못 쓰지 않도록 주의합니다.

추운 날이 계속되고 있습니다.
寒い日々が続いています。
사무이 히비가 쯔즈이떼 이마스

천둥이 쾅쾅 울립니다.
雷はごろごろ鳴っています。
카미나리와 고로고로 낫떼 이마스

공기가 건조합니다.
空気が乾燥しています。
쿠-키가 칸소-시떼 이마스

습기가 대단하군요.
湿気がすごいですね。
식케가 스고이데스네

제2장 — 8. 자연재해

> **A : すごい雨ですね。**
> 스고이 아메데스네
>
> **B : そうですね。山が崩れそうです。**
> 소-데스네 야마가 쿠즈레소-데스
>
> A : 굉장한 비네요.
> B : 그렇네요. 산이 무너질 것 같아요.

태풍이 상륙한다고 합니다.

台風が上陸するそうです。

타이후-가 죠-리꾸스루소-데스

태풍 피해는 없었습니까?

台風の被害はなかったですか。

타이후-노 히가이와 나캇따데스까

이 지역은 지진이 자주 발생합니다.

この地域は地震がよく発生します。

코노 치이끼와 지싱가 요꾸 핫쎄-시마스

관동지방에 진도 3의 지진이 있었습니다.

関東地方に震度3の地震がありました。

칸토-치호-니 신도 산노 지싱가 아리마시따

해일의 위험은 없습니다.

津波の心配はありません。

쯔나미노 심빠이와 아리마셍

시간과 날씨

침수되었습니다.
浸水しました。
신쓰이시마시따

홍수로 인한 피해가 속출하고 있습니다.
洪水による被害が続出しています。
코-즈이니 요루 히가이가 조꾸슈쯔시떼 이마스

눈사태가 일어났습니다.
雪崩が起きました。
나다레가 오키마시따

가뭄이 계속되어서 농작물이 말라붙고 있습니다.
日照りが続いて農作物が干上がっています。
히데리가 쯔즈이떼 노-사쿠부쯔가 히아갓떼 이마스

53

관련단어

날씨표현

한국어	일본어	발음
날씨	天気(てんき)	텡끼
기온	気温(きおん)	기옹
기압	気圧(きあつ)	기아쯔
따뜻하다	暖(あたた)かい	아타타까이
덥다	暑(あつ)い	아쯔이
무덥다	蒸(む)し暑(あつ)い	무시아쯔이
춥다	寒(さむ)い	사무이
시원하다	涼(すず)しい	스즈시-
날씨가 개다	晴(は)れる	하레루
햇살	日差(ひざ)し	히자시
구름	曇(くも)	쿠모
흐림	曇(くも)り	쿠모리
맑은 뒤 흐림	晴(は)れのち曇(くも)り	하레노치쿠모리
바람	風(かぜ)	카제
비	雨(あめ)	아메
눈	雪(ゆき)	유키
눈보라	吹雪(ふぶき)	후부키
습기	湿気(しっけ)	식케
천둥	雷(かみなり)	카미나리
번개	稲妻(いなずま)	이나즈마
장마	梅雨(つゆ)	쯔유
안개	霧(きり)	키리
서리	霜(しも)	시모
이슬비	霧雨(きりさめ)	키리사메

소나기	夕立(ゆうだち)	유-다찌
태풍	台風(たいふう)	타이후-
폭우	どしゃぶり	도샤부리
폭풍우	嵐(あらし)	아라시
해일, 쓰나미	津波(つなみ)	쯔나미
지진	地震(じしん)	지신
홍수	洪水(こうずい)	고-즈이
가뭄	日照(ひで)り	히데리
무지개	虹(にじ)	니지

연·월·일

작년	去年(きょねん)	쿄넨
올해	今年(ことし)	고토시
내년	来年(らいねん)	라이넨
내후년	再来年(さらいねん)	사라이넨
지난달	先月(せんげつ)	셍게쯔
이번 달	今月(こんげつ)	공게쯔
다음 달	来月(らいげつ)	라이게쯔
지난주	先週(せんしゅう)	센슈-
이번 주	今週(こんしゅう)	콘슈-
다음 주	来週(らいしゅう)	라이슈-
다다음주	再来週(さらいしゅう)	사라이슈-
그저께	おととい	오토또이
어제	昨日(きのう)	키노-
오늘	今日(きょう)	쿄-
내일	明日(あした)	아시타

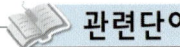 **관련단어**

모레	あさって	아삿떼
글피	しあさって	시아삿떼
며칠	何日(なんにち)	난니찌
매일	毎日(まいにち)	마이니찌
매주	毎週(まいしゅう)	마이슈-
매달	毎月(まいつき)	마이쯔키
매년	毎年(まいとし)	마이토시
월요일	月曜日(げつようび)	게쯔요-비
화요일	火曜日(かようび)	카요-비
수요일	水曜日(すいようび)	스이요-비
목요일	木曜日(もくようび)	모꾸요-비
금요일	金曜日(きんようび)	킹요-비
토요일	土曜日(どようび)	도요-비
일요일	日曜日(にちようび)	니찌요-비

시간

1시	1時(いちじ)	이찌지
2시	2時(にじ)	니지
3시	3時(さんじ)	산지
4시	4時(よじ)	요지
5시	5時(ごじ)	고지
6시	6時(ろくじ)	로꾸지
7시	7時(しちじ)	시찌지
8시	8時(はちじ)	하찌지
9시	9時(くじ)	쿠지
10시	10時(じゅうじ)	쥬-지

11시	11時(じゅういちじ)	쥬-이찌지
12시	12時(じゅうにじ)	쥬-니지
1분	1分(いっぷん)	입뿡
2분	2分(にふん)	니훙
3분	3分(さんぷん)	삼뿡
4분	4分(よんぷん)	욤뿡
5분	5分(ごふん)	고훙
6분	6分(ろっぷん)	롭뿡
7분	7分(ななふん)	나나훙
8분	8分(はっぷん)	합뿡
9분	9分(きゅうふん)	큐-훙
10분	10分(じゅっぷん／じっぷん)	쥽뿡/집뿡
15분	15分(じゅうごふん)	쥬-고훙
30분	30分(さんじゅっぷん)	산쥽뿡
1시간	1時間(いちじかん)	이찌지캉
몇 시	何時(なんじ)	난지
몇 시간	何時間(なんじかん)	난지캉

날짜

월	月(げつ／がつ)	게쯔/가쯔
일	日(にち)	니찌
1일	ついたち	쯔이타치
2일	ふつか	후쯔카
3일	みっか	믹까
4일	よっか	욕카
5일	いつか	이쯔카

 관련단어

6일	むいか	무이카
7일	なのか	나노카
8일	ようか	요-카
9일	ここのか	고코노카
10일	とおか	토-카
14일	じゅうよっか	쥬-욕카
20일	はつか	하쯔카
24일	にじゅうよっか	니쥬-욕카

숫자

1	いち	이찌	40	よんじゅう	욘쥬-
2	に	니	50	ごじゅう	고쥬-
3	さん	상	60	ろくじゅう	로꾸쥬-
4	よん	욘	70	しちじゅう	시찌쥬-
	し	시		ななじゅう	나나쥬-
5	ご	고	80	はちじゅう	하찌쥬-
6	ろく	로꾸	90	きゅうじゅう	큐-쥬-
7	しち	시찌	百	ひゃく	햐꾸
	なな	나나	千	せん	센
8	はち	하찌	万	まん	만
9	きゅう	큐-	十万	じゅうまん	쥬-망
10	じゅう	쥬-	百万	ひゃくまん	햐꾸망
20	にじゅう	니쥬-	千万	せんまん	셈망
30	さんじゅう	산쥬-	億	おく	오꾸

의견 · 감정 · 관심 3장

1. 긍정의 표현
2. 맞장구 치기
3. 부정의 표현
4. 기쁠 때
5. 기분이 좋지 않을 때
6. 화나거나 놀랐을 때
7. 실망, 불만일 때
8. 위로할 때
9. 칭찬할 때
10. 사과할 때
11. 제안, 요청할 때
12. 허락, 허가의 표현
13. 거절할 때
14. 명령할 때
15. 외모에 대한 표현
16. 성격에 대한 표현
17. 호감을 나타낼 때

japanese

제3장   1. 긍정의 표현

> **주요표현**
>
> A : その靴はあなたのですか。
> 소노 쿠쯔와 아나타노데스까
>
> B : はい、そうです。
> 하이 소-데스
>
> A : 저 구두는 당신 것입니까?
> B : 네, 그렇습니다.

좋습니다.
いいです。
이-데스

네, 좋아요.
はい、いいですよ。
하이 이-데스요

네, 정말입니다.
はい、本当です。
하이 혼또-데스

그렇게 생각합니다.
そう思っています。
소- 오못떼이마스

찬성합니다.
賛成します。
산세-시마스

60

의견 · 감정 · 관심

그렇습니다.

そうなんです。
소-난데스

물론입니다.

もちろんです。
모찌롱데스

동감입니다.

同感です。
도-칸데스

예, 확실히.

ええ、確かに。
에- 타시카니

제3장

2. 맞장구 치기

> **주요표현**
>
> A : 営業部の石田さんが結婚するんですって。
> 에-교부노 이시다상가 켓꽁스룬데슷떼
>
> B : あら、そうですか。
> 아라 소-데스까
>
> A : 영업부의 이시다 씨가 결혼한대요.
> B : 어머나, 그래요?

정말입니까?

本当ですか。
혼또-데스까

그래, 맞아.

そうだよ。
소-다요

그렇고 말고요.

そうですとも。
소-데스토모

> 일본인들은 맞장구를 잘 칩니다. はい、うん、そう 등의 추임새로 상대방의 말을 듣고 있다는 의사표시를 합니다.

맞습니다.

そのとおりです。
소노 토-리데스

정말 그러네요.

本当にそうですね。
혼또-니 소-데스네

의견 · 감정 · 관심

과연 그렇군요.

なるほどですね。

나루호도데스네

그렇죠!

そうでしょ。

소-데쇼

그거야 물론이죠.

それはもちろんですよ。

소레와 모찌롱데스요

아마 그렇겠죠?

たぶんそうでしょう。

타분 소-데쇼-

역시 그렇군요.

やっぱりね。

얍빠리네

아, 그렇군요.

あっ、そうですね。

앗 소-데스네

저도 그렇게 생각해요.

私もそう思います。

와따시모 소- 오모이마스

제3장   3. 부정의 표현

> A : この番号は合ってますか。
> 고노 방고-와 앗떼마스까
>
> B : いいえ、違います。
> 이-에 치가이마스
>
> A : 이 번호 맞습니까?
> B : 아니요, 틀립니다.

전혀 다릅니다.
まったく違います。
맛타꾸 치가이마스

아마 다르겠죠.
たぶん違うでしょ。
타분 치가우데쇼

그렇게 생각하지 않습니다.
そうは思いません。
소-와오모이마셍

아니요, 그렇지 않습니다.
いいえ、そうじゃありません。
이-에 소-쟈 아리마셍

아니요, 아직입니다.
いいえ、まだです。
이-에 마다데스

의견 · 감정 · 관심

아뇨, 이제 됐습니다.
いいえ、もう結構です。
이-에 모- 켓꼬-데스

안됩니다.
だめです。
다메데스

그건 안 되겠어요.
それはだめでしょう。
소레와 다메데쇼-

그 의견에는 동의하기 어렵습니다.
その意見には同意しかねます。
소노 이켄니와 도-이시카네마스

저의 생각과는 다릅니다.
私の考えとは違います。
와따시노 캉카에또와 치가이마스

제3장 4. 기쁠 때

> **주요표현**
>
> A : 修学旅行はどうでしたか。
> 슈-가꾸료코-와 도-데시타까
>
> B : 本当に楽しかったです。
> 혼또-니 타노시캇따데스
>
> A : 수학여행은 어땠습니까?
> B : 정말 즐거웠어요.

기뻐요.

うれしい。

우레시-

감동했습니다.

感動しました。

칸도-시마시따

너무 기뻐요.

とてもうれしいです。

토떼모 우레시-데스

만나게 되서 반갑습니다.

お会いできてうれしいです。

오아이데키떼 우레시-데스

행복합니다.

幸せです。

시아와세데스

의견 · 감정 · 관심

기분 좋아.
気持ちいい。
키모찌 이-

됐다!
やったあ。
얏따-

그거 다행이네요.
それはよかったですね。
소레와 요캇따데스네

운이 좋았어요.
運がよかったです。
웅가 요캇따데스

오늘은 운이 좋네요.
今日はついてますね。
쿄-와 쯔이떼마스네

제3장 5. 기분이 좋지 않을 때

주요표현

A: 昨夜、祖父が亡くなりました。
사꾸야 소후가 나꾸나리마시따

B: それは残念ですね。
소레와 잔넨데스네

A: 어젯밤 할아버지가 돌아가셨습니다.
B: 그것은 참 유감이네요.

아, 슬프다.
ああ、悲しい。
아- 카나시-

슬퍼서 가슴이 아파.
悲しくて胸が痛い。
카나시쿠떼 무네가 이타이

괴로워서 참을 수 없어요.
辛くてたまりません。
쯔라쿠떼 타마리마셍

슬픈 표정을 하고 있네.
悲しそうな顔をしているね。
카나시소-나 카오오 시떼이루네

우울해.
憂鬱だ。
유-우쯔다

의견 · 감정 · 관심

왠지 쓸쓸해지네.
何だか寂しくなるな。
난다까 사비시꾸 나루나

절망적이야.
絶望だよ。
제쯔보-다요

내 마음은 아무도 몰라.
私の心は誰にも分からない。
와따시노 고코로와 다레니모 와카라나이

울고 싶어.
泣きたいよ。
나키따이요

눈물이 안 멈춰.
涙が止まらない。
나미다가 토마라나이

제3장

6. 화나거나 놀랐을 때

> A : 近所のビルが火事になったそうですよ。
> 킨죠노 비루가 카지니 낫따소-데스요
>
> B : 本当ですか。
> 혼또-데스까
>
> A : 근처의 빌딩이 화재가 났다고 해요.
> B : 정말이에요?

아, 놀랐어.

ああ、びっくりした。
아- 빅꾸리시타

깜짝 놀랐잖아요.

びっくりするじゃないですか。
빅꾸리스루쟈나이데스까

놀래키지 마.

驚かさないでよ。
오도로카사나이데요

전혀 금시초문인데요.

まったく初耳です。
맛타꾸 하쯔미미데스

정말 믿을 수가 없네요.

本当に信じられない。
혼또-니 신지라레나이

의견 · 감정 · 관심

화가 나.

腹が立つ。

하라가 타쯔

신경질 나.

いらいらする。

이라이라스루

열받네.

むかつく。

무카쯔쿠

어지간히 해.

いい加減にしろ。

이- 카겐니 시로

더 참을 수 없어.

もう我慢できない。

모- 가만 데키나이

쓸데없는 간섭이야.

余計なお世話だよ。

요케-나 오세와다요

바보 취급하지 마.

ばかにするな。

바카니 스루나

제3장 7. 실망, 불만일 때

> **A : うわっ、しまった。**
> 우왓 시맛따
>
> **B : どうしたんですか。**
> 도-시탄데스까
>
> A : 아, 큰일났다!
> B : 왜 그러는데요?

아, 큰일이다.

あれ、大変だ。
아레 타이헨다

정말 싫어요.

本当にいやですね。
혼또-니 이야데스네

졌다 졌어. (질린다는 뜻)

まいっちゃった。
마잇챳따

시시해!

つまらない！
쯔마라나이

이젠 틀렸어.

もうおしまいだ。
모- 오시마이다

72

의견 · 감정 · 관심

어떡하지.

どうしよう。
도–시요–

기가 막혀.

あきれた。
아키레따

이제 지겨워.

もううんざりだ。
모– 운자리다

형편없어.

くだらない。
쿠다라나이

지루해.

<ruby>退屈<rt>たいくつ</rt></ruby>だ。
타이쿠쯔다

이제 더 이상 참을 수 없어.

もうこれ<ruby>以上<rt>いじょう</rt></ruby><ruby>耐<rt>た</rt></ruby>えられないよ。
모– 코레 이죠– 타에라레나이요

봐주세요.

<ruby>勘弁<rt>かんべん</rt></ruby>してくださいよ。
캄벤시떼 쿠다사이요

제3장   8. 위로할 때

> A : もう失敗だ。
> 모- 십빠이다
>
> B : そんなに落ち込まないで。
> 손나니 오치코마나이데
>
> A : 이제 실패야.
> B : 그렇게 풀죽지 마.

힘내!
がんばれ！
감바레

힘내세요.
頑張ってください。
감밧떼 쿠다사이

용기를 내.
勇気を出して。
유-키오 다시떼

실망하지 마.
がっかりしないで。
각까리 시나이데

딱하게 됐습니다.
お気の毒です。
오키노도쿠데스

의견 · 감정 · 관심

유감이네요.
残念ですね。
잔넨데스네

그렇게 낙심하지 마세요.
そんなに気を落とさないでください。
손나니 키오 오토사나이데 쿠다사이

너무 슬퍼하지 마세요.
そんなに悲しまないでください。
손나니 카나시마나이데 쿠다사이

기회는 얼마든지 있으니까요.
チャンスはいくらでもありますから。
찬스와 이쿠라데모 아리마스까라

긍정적으로 생각하세요.
前向きに考えなさい。
마에무키니 캉가에나사이

신경쓰지 마.
気にしないでね。
키니 시나이데네

제3장 9. 칭찬할 때

A: このケーキ、私が作ったんですが。
고노 케-키 와따시가 쯔쿳딴데스가

B: すごいですね。おいしそうだな。
스고이데스네 오이시소-다나

A: 이 케이크 제가 만든 것입니다만.
B: 대단하군요. 맛있겠는걸.

대단하네요.
えらいですね。
에라이데스네

훌륭하네요.
素晴らしいですね。
스바라시-데스네

잘 어울리시네요.
よくお似合いですね。
요꾸 오니아이데스네

재미있는 분이시네요.
面白い人ですね。
오모시로이 히토데스네

매우 성실한 분이시네요.
すごく真面目な人ですね。
스고쿠 마지메나 히토데스네

의견 · 감정 · 관심

정말 친철하시네요.

本当に親切ですね。

혼또-니 신세쯔데스네

꽤 유능하시네요.

大変な腕利きですね。

타이헨나 우데키키데스네

훌륭합니다.

お見事です。

오미고또데스

훌륭하시네요.

ご立派ですね。

고립빠데스네

잘했습니다.

よくできました。

요꾸 데키마시따

멋있어 보여요.

格好よく見えますよ。

각꼬-요꾸 미에마스요

제3장 10. 사과할 때

> A: 田中さん、どうしたんですか。
> 다나카상 도-시탄데스까
>
> B: すみません、朝寝坊しました。
> 스미마셍 아사네보-시마시따
>
> A: 다나카 씨, 어떻게 된 거에요?
> B: 죄송해요, 늦잠을 잤어요.

미안합니다.

ごめんなさい。
고멘나사이

죄송합니다.

申し訳ありません。
모-시와케 아리마셍

용서해 주세요.

お許しください。
오유루시 쿠다사이

너무 죄송했습니다.

どうもすみませんでした。
도-모 스미마센데시타

제가 잘못했습니다.

私がいけなかったです。
와따시가 이케나캇따데스

의견 · 감정 · 관심

지나쳤다면 죄송해요.
行き過ぎてたらごめんなさい。
이키스기테따라 고멘나사이

먼저 사과 말씀 드리겠습니다.
まずお詫びいたします。
마즈 오와비이따시마스

늦어서 죄송합니다.
遅れてすみません。
오쿠레떼 스미마셍

대단히 폐를 끼쳤습니다.
たいへんご迷惑をおかけしました。
타이헨 고메-와꾸오 오카케시마시따

폐를 끼쳤습니다.
お手数をおかけしました。
오테수-오 오카케시마시따

여러모로 신세를 졌습니다.
いろいろお世話になりました。
이로이로 오세와니 나리마시따

괜찮습니다. 신경쓰지 마세요.
大丈夫です。気にしないでください。
다이죠-부데스 키니 시나이데 쿠다사이

제3장 11. 제안, 요청할 때

> A: 早く出発したほうがいいでしょう。
> 하야꾸 슛빠쯔시따 호-가 이-데쇼-
>
> B: ええ、そうしましょう。
> 에- 소-시마쇼-
>
> A: 빨리 출발하는 편이 낫겠지요?
> B: 네, 그렇게 합시다.

좀 서두르는 게 좋겠지요?
ちょっと急いだほうがいいでしょう。
촛또 이소이다 호-가 이-데쇼-

갈까요?
行きましょうか。
이키마쇼-까

> ～ましょう는 부드럽게 제안할 때 쓰는 표현으로, 뒤에 か가 붙으면 좀 더 정중한 표현이 됩니다.

도와드릴까요?
手伝いましょうか。
테쯔다이마쇼-까

제안이 있는데요.
提案があるんですが。
테-앙가 아룬데스가

이건 어떠세요?
これはいかがですか。
고레와 이카가데스까

의견 · 감정 · 관심

그렇게 하자.
そのとおりにしよう。
소노 토-리니 시요-

이제 슬슬 돌아갈까요?
もうそろそろ帰りましょうか。
모- 소로소로 카에리마쇼-까

같이 영화 보러 가지 않을래?
一緒に映画見に行かない？
잇쇼니 에-가 미니 이까나이

좀 도와주실래요?
ちょっと手伝ってもらえませんか。
춋또 테츠닷떼 모라에마셍까

볼펜 좀 빌려주실 수 있습니까?
ボールペンを貸していただけますか。
보-루펭오 카시떼 이타다케마스까

81

제3장 12. 허락, 허가의 표현

> A : 窓を開けてもいいですか。
> 마도오 아케떼모 이-데스까
>
> B : ええ、どうぞ。
> 에- 도-조
>
> A : 창문을 열어도 되나요?
> B : 네, 그러세요.

담배를 피워도 됩니까?

たばこを吸ってもいいですか。

타바코오 슷데모 이-데스까

들어가도 되겠습니까?

入ってもよろしいですか。

하잇떼모 이-데스까

좋아.

いいよ。

이-요

좋습니다.

いいです。

이-데스

좋고 말고요.

いいとも。

이-토모

의견 · 감정 · 관심

물론입니다.

もちろんです。

모찌롱데스

괜찮습니다.

かまいません。

카마이마셍

알겠습니다.

分(わ)かりました。

와카리마시따

괜찮다면 그렇게 하세요.

良(よ)かったらどうぞ。

요캇따라 도-조

가능한 한 도와드리겠습니다.

できる限(かぎ)りお手伝(てつだ)いいたしましょう。

데키루카기리 오테쯔다이이따시마쇼-

83

제3장 13. 거절할 때

> A: ここで写真を撮ってもいいですか。
> 고꼬데 샤싱오 톳떼모 이-데스까
>
> B: それはちょっと……。
> 소레와 춋또
>
> A: 여기서 사진을 찍어도 됩니까?
> B: 그건 좀 곤란합니다.

안됩니다.

だめです。

다메데스

안될 것 같습니다.

だめだと思います。

다메다또 오모이마스

죄송하지만 오늘은 약속이 있어서요.

すみません、今日はちょっと約束がありまして。

스미마셍 쿄-와 춋또 약소꾸가 아리마시떼

유감스럽지만 갈 수 없습니다.

残念ながら行けません。

잔넨나가라 이케마셍

그건 곤란합니다.

それは困ります。

소레와 코마리마스

의견·감정·관심

거절하겠습니다.
お断りいたします。
오코토와리 이따시마스

그 이상은 무리입니다.
それ以上は無理です。
소레 이죠-와 무리데스

이 건물은 출입금지입니다.
この建物は立ち入り禁止です。
고노 타떼모노와 타찌이리킨시데스

좀 생각할 여유를 주세요.
ちょっと考えさせてください。
춋또 캉가에사세떼 쿠다사이

제3장 14. 명령할 때

> A : ちょっと待ってください。
> 촛또 맛떼 쿠다사이
>
> B : え、何でしょうか。
> 에 난데쇼-까
>
> A : 잠깐 기다리세요.
> B : 네, 왜 그러십니까?

기다리고 있어.

待ってて。

맛떼떼

잠깐 기다려.

ちょっと待って。

촛또 맛떼

여기서 기다리세요.

ここで待ちなさい。

고꼬데 마치나사이

조용히 해!

静かにしろ！

시즈카니 시로

멈춰!

止まれ。

토마레

의견 · 감정 · 관심

움직이지 마!

動くな！

우고쿠나

사과하세요.

謝りなさい。

아야마리나사이

싸움은 그만두세요.

けんかはやめなさい。

켕까와 야메나사이

> 명령표현은 아랫사람에게 많이 쓰며, 친구 사이라 하더라도 뒤에 ください를 붙이는 경우가 많습니다.

이걸 봐 주세요.

これをごらんください。

코레오 고랑 쿠다사이

여기서 먹지 말아주세요.

ここで食べないでください。

고꼬데 타베나이데 쿠다사이

다음부터는 주의하세요.

今度は気をつけてください。

콘도와 키오 쯔케떼 쿠다사이

제3장 15. 외모에 대한 표현

주요표현

A : あの太っている人は誰ですか。
아노 후톳떼 이루 히토와 다레데스까

B : 山田さんです。
야마다산데스

A : 저 뚱뚱한 사람은 누구입니까?
B : 야마다 씨입니다.

케이코 씨는 말랐습니다.
恵子さんはやせています。
케-코상와 야세떼 이마스

> 뚱뚱하다, 날씬하다는 기본형이 아닌 진행형(太っている/やせている)으로 쓰는 것에 유의합니다.

그녀는 키가 작습니다.
彼女は背が低いです。
카노죠와 세가 히꾸이데스

굉장히 크시네요.
すごく高いですね。
스고꾸 다카이데스네

신장은 1미터 60센티입니다.
身長は１メートル６０センチです。
신쵸-와 이찌메-토루 로꾸줏센치데스

체중은 50킬로입니다.
体重は５０キロです。
타이쥬-와 고쥭키로데스

의견 · 감정 · 관심

키는 어느 정도 됩니까?
背はどのくらいですか。
세와 도노쿠라이데스까

다나카 씨는 스타일이 좋습니다.
田中さんはスタイルがいいです。
다나카상와 스타이루가 이-데스

그는 매일 운동을 해서 몸이 튼튼합니다.
彼は毎日運動して体が丈夫です。
카레와 마이니찌 운도-시떼 카라다가 죠-부데스

그녀의 얼굴은 하얗고 귀엽습니다.
彼女の顔は白くてかわいいです。
카노죠노 카오와 시로쿠떼 카와이-데스

저기 날씬하고 키가 큰 사람이 우리 형입니다.
あの細くて背の高い人がうちの兄です。
아노 호소쿠떼 세노 다카이 히토가 우찌노 아니데스

금발머리가 잘 어울리네요.
金髪がよく似合ってますね。
킴파쯔가 요꾸 니앗떼마스네

제3장 — 16. 성격에 대한 표현

> **A : 山田さんはどんな人ですか。**
> 야마다상와 돈나 히토데스까
>
> **B : すごく明るい人です。**
> 스고꾸 아카루이 히토데스
>
> A : 야마다 씨는 어떤 사람입니까?
> B : 굉장히 밝은 사람입니다.

그의 성격은 어떻습니까?
彼の性格はどうですか。
카레노 세-카꾸와 도-데스까

마음이 따뜻한 사람이에요.
心の暖かい人ですよ。
고꼬로노 아타타까이 히또데스요

친절한 사람입니다.
親切な人です。
신세쯔나 히또데스

성격이 급한 편입니다.
気が短いほうです。
키가 미지까이호-데스

완벽주의자입니다.
完璧主義者です。
캄페끼슈기쟈데스

의견 · 감정 · 관심

그녀는 꼼꼼합니다.
彼女は几帳面です。
카노죠와 키쵸-멘데스

그다지 사교적이 아닙니다.
あまり社交的ではありません。
아마리 샤코-테끼데와 아리마셍

장난꾸러기입니다.
わんぱく盛りの子です。
왐파꾸 자카리노 코데스

그녀는 수줍음을 많이 탑니다.
彼女は恥ずかしがり屋です。
카노죠와 하즈카시가리야데스

그는 굉장히 심술궂은 성격입니다.
彼はかなり意地悪な性格です。
카레와 카나리 이지와루나 세-카꾸데스

입이 가벼운 사람은 싫어요.
口が軽い人はいやです。
구찌가 카루이 히또와 이야데스

제3장 17. 호감을 나타낼 때

> A : 洋子さん、今夜お暇ですか。
> 요-코상 콩야 오히마데스까
>
> B : ええ、空いています。
> 에- 아이떼 이마스
>
> A : 요코 씨, 오늘밤 시간 있어요?
> B : 네, 있어요.

첫눈에 반했어요.
ひとめぼれしました。
히토메보레 시마시따

친구가 되어 주지 않겠어?
友達になってくれない？
토모다찌니 낫떼 쿠레나이

수업 끝나면 차 마시러 가지 않을래요?
授業が終わったらお茶飲みに行きませんか。
쥬교-가 오왓따라 오챠 노미니 이키마셍까

하이킹 하러 갈래요?
ハイキングに行きませんか。
하이킹구니 이키마셍까

영화 보러 갑시다.
映画見に行きましょう。
에-가 미니 이키마쇼-

의견 · 감정 · 관심

저랑 콘서트 보러 가지 않을래요?
私とコンサートを見に行きませんか。
와따시토 콘사―토오 미니 이키마셍까

같이 식사하지 않을래요?
一緒にお食事しませんか。
잇쇼니 오쇼꾸지 시마셍까

물론 가겠습니다.
もちろん行きます。
모찌롱 이키마스

사귀는 사람은 있어요?
付き合ってる人はいますか。
쯔키앗떼루 히또와 이마스까

야마다 씨는 제 취향이 아니에요.
山田さんは私の好みではありません。
야마다상와 와따시노 코노미데와 아리마셍

괜찮다면 전화번호를 알 수 있을까요?
よかったら電話番号を教えていただけますか。
요캇따라 뎅와방고―오 오시에떼 이따다케마스까

집까지 바래다 드릴까요?
家まで送りましょうか。
이에마데 오쿠리마쇼―까

93

 관련단어

외모

뚱뚱하다	太(ふと)っている	후톳떼이루
마르다	やせている	야세떼이루
건강함, 튼튼함	丈夫(じょうぶ)	죠-부
남자답다	男(おとこ)らしい	오토코라시-
여자답다	女(おんな)らしい	온나라시-
멋지다	格好(かっこう)いい	각꼬-이-
멋짐, 세련됨	おしゃれ	오샤레
얼짱	イケメン	이케멘
뚱보	デブ	데부
대머리	ハゲ	하게
귀엽다, 사랑스럽다	かわいい	카와이-
예쁨, 아름다움	きれい	키레-
사랑스럽다	愛(あい)くるしい	아이쿠루시-

성격

건방짐	生意気(なまいき)	나마이키
겁이 많음	臆病(おくびょう)	오쿠뵤-
부끄럼을 잘타는 사람	恥(は)ずかしがり屋(や)	하즈카시가리야
조용하다	しず(静)かだ	시즈카다
낙천적	楽天的(らくてんてき)	라쿠텐테끼
명랑하다	明(あか)るい	아카루이
	朗(ほが)らかだ	호가라카다
성실함	真面目(まじめ)	마지메
꼼꼼함	几帳面(きちょうめん)	키쵸-멘

완벽주의자	完璧主義者(かんぺきしゅぎしゃ)	캄페끼슈기샤
상냥하다	優(やさ)しい	야사시-
친절하다	親切(しんせつ)だ	신세쯔다
얌전하다	大人(おとな)しい	오토나시-
정직하다	正直(しょうじき)だ	쇼-지키다
용감하다	勇(いさ)ましい	이사마시-

감정표현

한숨 놓다	ほっとする	홋또스루
실망하다	がっかりする	각까리스루
시시하다, 하찮다	つまらない	쯔마라나이
지겹다	うんざりだ	운자리다
따분하다	退屈(たいくつ)だ	타이쿠쯔다
분하다, 억울하다	悔(くや)しい	쿠야시-
참다	我慢(がまん)する	가만스루
훌륭하다	偉(えら)い	에라이
멋있다, 굉장하다	素晴(すば)らしい	스바라시-
걱정하다	気(き)にする	키니스루
마음에 들다	気(き)に入(い)る	키니이루
안정되다, 진정되다	落(お)ち着(つ)く	오치쯔쿠
재미있다	面白(おもしろ)い	오모시로이
즐겁다	楽(たの)しい	타노시-
기쁘다	嬉(うれ)しい	우레시-
놀라다	驚(おどろ)く	오도로쿠
감동하다	感動(かんどう)する	칸도-스루

관련단어

행복하다	幸(しあわ)せだ	시아와세다
부끄럽다, 창피하다	恥(は)ずかしい	하즈카시-
쓸쓸하다	寂(さび)しい	사비시-
슬프다	悲(かな)しい	카나시-
괴롭다	辛(つら)い	쯔라이
무섭다	恐(こわ)い	코와이
좋아하다	好(す)きだ	스키다
싫어하다	嫌(きら)いだ	키라이다
만족하다	満足(まんぞく)だ	만조쿠다
유감이다	残念(ざんねん)だ	잔넨다

일상생활 4장

1. 학교 생활
2. 회사 생활
3. 주거
4. 휴가 계획
5. 취미 생활
6. 스포츠
7. 종교
8. 병원에서
9. 약국에서
10. 우체국에서
11. 미용실에서
12. 도서관에서
13. 은행에서
14. 극장에서

japanese

제4장 1. 학교 생활

> **주요표현**
>
> A : 専攻は何ですか。
> 셍코-와 난데스까
>
> B : 経済学を専攻しています。
> 케-자이가꾸오 셍코-시떼 이마스
>
> A : 전공은 무엇입니까?
> B : 경제학을 전공하고 있습니다.

무엇을 공부하고 있습니까?

何を勉強していますか。

나니오 벵쿄-시떼 이마스까

몇 학년입니까?

何年生ですか。

난넨세-데스까

> 학년을 말할 때는 学年(がくねん)이 아니라 ~年生(ねんせい)라고 합니다.

신학기는 4월부터입니다.

新学期は4月からです。

싱각키와 시가쯔카라데스

수업은 매일 9시에 시작됩니다.

授業は毎日9時に始まります。

쥬교-와 마이니찌 쿠지니 하지마리마스

내일은 휴강입니다.

明日は休講です。

아시타와 큐-코-데스

일상생활

학교까지 어떻게 오십니까?
学校までどのように来られますか。
각꼬-마데 도노요-니 코라레마스까

학교까지 전철로 갑니다.
学校まで電車で行きます。
각꼬-마데 덴샤데 이키마스

수업을 시작하겠습니다.
授業を始めます。
쥬교-오 하지메마스

다음 주부터 기말시험입니다.
来週から期末試験です。
라이슈-카라 키마쯔시켄데스

밤새서 공부해야 합니다.
徹夜で勉強しなければなりません。
테쯔야데 벵쿄-시나케레바 나리마셍

우리나라에서는 중고등학생이나 대학생 모두 **学生(がくせい)**라고 표현하지만, 일본에서 **学生(がくせい)**는 대학생을 가리키는 말이고, 중고등학생은 **生徒(せいと)**라고 합니다.

제4장 2. 회사 생활

> A : お宅の会社ではどんな業務をしていますか。
> 오타쿠노 카이샤데와 돈나 교-무오 시떼 이마스까
>
> B : コンピューターのソフトを開発しています。
> 콤퓨-타-노 소후토오 카이하쯔시떼 이마스
>
> A : 댁의 회사에서는 어떤 일을 합니까?
> B : 컴퓨터 소프트웨어를 개발하고 있습니다.

야마다 씨는 어떤 일을 담당하고 있습니까?
山田さんは何を担当していますか。
야마다상와 나니오 탄토-시떼 이마스까

어떤 종류의 물건을 취급합니까?
どんな種類の物を扱っていますか。
돈나 슈루이노 모노오 아쯔캇떼 이마스까

기술제휴를 맺고 있습니다.
技術提携を結んでいます。
기쥬쯔테-케-오 무쓴데 이마스

해외의 상사와 무역을 하고 있습니다.
海外の商社との貿易をしています。
카이가이노 쇼-샤토노 보-에끼오 시떼 이마스

제품을 수출하는 일입니다.
製品を輸出する仕事です。
세-힝오 유슈쯔스루 시고또데스

일상생활

귀사의 규모는 얼마나 됩니까?

貴社の規模はどのくらいですか。

키샤노 키보와 도노쿠라이데스까

거래처는 몇 군데 정도 있습니까?

取引先はいくつぐらいありますか。

토리히키사키와 이쿠쯔그라이 아리마스까

귀사는 언제 창립되었습니까?

貴社はいつ創立されたんですか。

키샤와 이쯔 소-리쯔사레탄데스까

김씨의 회사는 야근이 많습니까?

金さんの会社では残業が多いですか。

김산노 카이샤데와 장교-가 오-이데스까

퇴근시간은 정해져 있습니까?

退勤時間は決まっていますか。

타이킹지캉와 키맛떼 이마스까

입사한 지 몇 년 되었습니까?

入社して何年ですか。

뉴-샤시떼 난넨데스까

보너스는 어느 정도 받습니까?

ボーナスはいくらぐらいもらえますか。

보-나스와 이쿠라그라이 모라에마스까

101

제4장 3. 주거

> **A: 家賃はいくらですか。**
> 야칭와 이쿠라데스까
>
> **B: 毎月１０万円ずつです。**
> 마이쯔키 쥬-망엔즈쯔데스
>
> A: 집세는 얼마입니까?
> B: 매달 10만 엔씩입니다.

저는 아파트에 살고 있습니다.
私はマンションに住んでいます。
와따시와 만숀니 슨데 이마스

이 방은 다다미 몇 장 정도입니까?
この部屋は何畳くらいですか。
고노 헤야와 난죠- 쿠라이데스까

가구 같은 것은 전부 갖춰져 있어요.
家具などは全部付いています。
카구나도와 젬부 쯔이떼 이마스

이 집은 욕실이 딸려 있습니다.
この家は風呂付きです。
고노 이에와 후로쯔키데스

이 방은 햇볕이 잘 듭니다.
この部屋はよく日が当たります。
고노 헤야와 요꾸 히가 아타리마스

102

일상생활

주차장은 있습니까?
駐車場はありますか。
츄-샤죠-와 아리마스까

한 달에 얼마입니까?
ひと月いくらですか。
히토쯔키 이쿠라데스까

집세가 조금 비싸네요.
家賃がちょっと高いですね。
야칭가 춋또 다카이데스네

싸다면 빌리고 싶습니다.
安いなら借りたいです。
야쓰이나라 카리따이데스

계약하겠습니다.
契約することにします。
케-야꾸스루 코또니 시마스

家賃은 월세를 뜻합니다. 일본은 전세의 개념이 없으며 반드시 보증인이 있어야 집을 구할 수 있습니다. 집 평수를 일컬을 때는 坪(つぼ), 방의 넓이를 나타낼 때는 畳(じょう)를 쓰며, 다다미가 깔려 있는 장수로 그 넓이를 가늠합니다.

제4장   4. 휴가 계획

주요표현

A : 休みはどうするつもりですか。
야스미와 도- 스루 쯔모리데스까

B : 旅行に行こうと思います。
료코-니 이코-또 오모이마스

A : 휴가에 뭘 하실 생각입니까?
B : 여행을 가려고 합니다.

이번 휴가는 어디로 가십니까?
今度の休みはどこに行きますか。
콘도노 야스미와 도코니 이키마스까

타이로 갈 생각입니다.
タイに行くつもりです。
타이니 이쿠 쯔모리데스

휴가 일정은 정해졌습니까?
休みの日程は決まりましたか。
야스미노 닛떼-와 키마리마시타까

휴가는 얼마나 되나요?
休暇はどれくらいですか。
큐-카와 도레쿠라이데스까

일주일간의 휴가를 낼 수 있습니다.
一週間の休みがとれます。
잇슈-칸노 야스미가 토레마스

일상생활

언제나 일이 바빠서 좀처럼 쉴 수 없습니다.
いつも仕事が忙しくてなかなか休められません。
이쯔모 시고또가 이소가시쿠떼 나카나카 야스메라레마셍

집에서 푹 쉴 생각입니다.
家でゆっくり休むつもりです。
이에데 육꾸리 야스무 쯔모리데스

주말은 어떻게 보내세요?
週末はどう過ごされていますか。
슈-마쯔와 도- 스고사레떼 이마스까

텔레비전을 보면서 빈둥빈둥댑니다.
テレビを見ながらごろごろします。
테레비오 미나가라 고로고로시마스

제4장 5. 취미 생활

주요표현

A : 大野さんの趣味は何ですか。
오-노산노 슈미와 난데스까

B : 海釣りです。
우미즈리데스

A : 오노 씨의 취미는 뭡니까?
B : 바다낚시입니다.

흥미있는 일은 무엇입니까?

興味があることは何ですか。

쿄-미가 아루코또와 난데스까

그의 취미는 장난감을 모으는 것입니다.

彼の趣味はおもちゃを集めることです。

카레노 슈미와 오모챠오 아쯔메루코또데스

게임을 자주 합니다.

ゲームをよくやります。

게-무오 요꾸 야리마스

저는 재즈를 좋아해요.

わたしはジャズが好きです。

와따시와 쟈즈가 스키데스

취미로 서예를 하고 있어요.

趣味で書道をしています。

슈미데 쇼도-오 시떼 이마스

일상생활

다도에 관심이 있습니다.
茶道に関心があります。
사도-니 칸싱가 아리마스

저는 영화 보는 걸 좋아합니다.
わたしは映画を見ることが好きです。
와따시와 에-가오 미루코또가 스키데스

그림을 그리는 것입니다.
絵を描くことです。
에오 카꾸코또데스

미술품에 흥미가 있습니다.
美術品に興味があります。
비쥬쯔힌니 쿄-미가 아리마스

틈만 나면 기타를 칩니다.
暇さえあればギターを弾きます。
히마사에 아레바 기타-오 히키마스

제4장 6. 스포츠

> **주요표현**
>
> A : どんなスポーツが好きですか。
> 돈나 스포-쯔가 스키데스까
>
> B : 私は野球ファンです。
> 와따시와 야큐-환데스
>
> A : 어떤 스포츠를 좋아하세요?
> B : 저는 야구 팬이에요.

어떤 스포츠를 즐겨 하십니까?
どんなスポーツをやっていますか。
돈나 스포-쯔오 얏떼 이마스까

스포츠라면 뭐든지 좋아합니다.
スポーツなら何でも好きです。
스포-쯔나라 난데모 스키데스

요즘 축구에 빠져 있습니다.
今サッカーにはまっています。
이마 삭까-니 하맛떼 이마스

최근에 테니스를 시작했습니다.
最近、テニスを始めました。
사이킹 테니스오 하지메마시따

주말에는 항상 골프를 칩니다.
週末にはいつもゴルフをしています。
슈-마쯔니와 이쯔모 고르후오 시떼 이마스

108

일상생활

같이 야구 보러 갈래요?

一緒に野球を見に行きませんか。

잇쇼니 야큐-오 미니 이키마셍까

스모를 본 적이 있습니까?

相撲を見たことがありますか。

스모-오 미타코또가 아리마스까

수영은 전혀 못합니다.

水泳はまったくできません。

스이에-와 맛타꾸 데키마셍

언제부터 배우기 시작하셨나요?

いつ習い始めましたか。

이쯔 나라이 하지메마시타까

배운 지 얼마 안됐습니다.

習ったばかりです。

나랏따 바카리데스

제4장 7. 종교

> A: あなたはどんな宗教を持っていますか。
> 아나따와 돈나 슈-쿄-오 못떼 이마스까
>
> B: 私は宗教を信じていません。
> 와따시와 슈-쿄-오 신지떼 이마셍
>
> A: 당신은 어떤 종교를 믿습니까?
> B: 저는 아무 종교도 믿지 않아요.

저의 종교는 불교입니다.

私の宗教は仏教です。
와따시노 슈-쿄-와 붓쿄-데스

이슬람교 신도입니다.

イスラム教信徒です。
이스라므쿄- 신토데스

기독교입니다.

キリスト教です。
키리스토쿄-데스

저는 예수님을 믿습니다.

私はイエス様を信じています。
와따시와 이에수사마오 신지떼 이마스

이 부근에 교회가 있습니까?

この近くに教会がありますか。
고노 치카꾸니 쿄-카이가 아리마스까

일상생활

일본에는 교회가 아주 적어요.
日本には教会が少ないです。
니혼니와 쿄-카이가 스꾸나이데스

성가대에서 노래를 부릅니다.
聖歌隊で歌っています。
세-카타이데 우탓떼이마스

새해가 되면 신사에 가서 새해 첫 참배를 합니다.
年が明けると神社に行って初詣をします。
토시가 아케루또 진쟈니 잇떼 하쯔모-데오 시마스

매일 아침 불단에 기도를 합니다.
毎朝、仏壇に祈ります。
마이아사 부쯔단니 이노리마스

일본은 특별히 종교가 없으나 신도(神道)를 제일 많이 믿습니다. 모든 자연에 신이 존재한다고 믿기 때문에 각각의 사물에도 신을 붙여서 그 신을 섬깁니다. 그리고 주로 신사에 가서 참배를 하는데, 각 신사마다 섬기는 신이 따로 있습니다.

제4장 8. 병원에서

> **A : どうしましたか。**
> 도-시마시타까
> **B : おなかが痛いんです。**
> 오나카가 이타인데스
>
> A : 어떻게 오셨습니까?
> B : 배가 아픕니다.

여기가 아파요.
ここが痛いんです。
고꼬가 이타인데스

> どうしましたかは '무슨 일이십니까?'라는 말이지만, 병원에서는 어디가 아프냐는 뜻으로 쓰입니다.

배탈이 났습니다.
お腹をこわしました。
오나카오 코와시마시따

구역질이 납니다.
吐き気がします。
하키케가 시마스

식욕이 없습니다.
食欲がありません。
쇼꾸요꾸가 아리마셍

기침이 멈추지 않아요.
咳が止まりません。
세키가 토마리마셍

112

일상생활

열이 조금 있고 머리가 아픕니다.
熱が少しあって、頭がいたいです。
네쯔가 스코시 앗떼 아타마가 이타이데스

기분이 안 좋습니다.
気分が悪いです。
기붕가 와루이데스

감기에 걸렸습니다.
風邪を引きました。
카제오 히키마시따

어깨가 결려요.
肩がこります。
카타가 코리마스

화상 입었습니다.
やけどしました。
야케도 시마시따

제4장

9. 약국에서

> **A : 頭痛薬ありますか。**
> 즈쯔-야꾸 아리마스까
>
> **B : はい、ちょっと待ってください。**
> 하이 춋또 맛떼 쿠다사이
>
> A : 두통약 있습니까?
> B : 네, 잠시만 기다려 주십시오.

감기약 주세요.
風邪薬をください。
카제구스리오 쿠다사이

소화제 주세요.
胃腸薬をください。
이쬬-야꾸오 쿠다사이

눈이 충혈됐는데요.
目が充血してるんですが。
메가 쥬-케쯔시떼룬데스가

식후에 먹으면 됩니까?
食後に飲めばいいですか。
쇼꾸고니 노메바 이-데스까

몇 알 먹으면 됩니까?
何錠飲めばいいですか。
난죠- 노메바 이-데스까

일상생활

언제 먹으면 됩니까?

いつ飲んだらいいですか。

이쯔 논다라 이-데스까

몇 번 정도 복용하는 겁니까?

何回くらい服用するのですか。

난까이 쿠라이 후쿠요-스루노데스까

하루에 두 번 먹으면 됩니다.

一日２回飲めばいいです。

이치니찌 니까이 노메바 이-데스

처방전 없이 살 수 있는 약은 없습니까?

処方箋なしで買える薬はないですか。

쇼호-센나시데 카에루 구스리와 나이데스까

부작용은 없습니까?

副作用はありませんか。

후쿠사요-와 아리마셍까

> 일본의 약국에서는 약뿐만 아니라 화장품, 식료품, 생활용품에 이르기까지 여러가지를 팝니다. 시내 곳곳에 있어서 편리하게 이용할 수 있으며 대표적인 약국으로는 **マツモトキヨシ**(마쓰모토기요시)가 유명합니다.

제4장 10. 우체국에서

> **A : この荷物を韓国まで送りたいんですが。**
> 고노 니모쯔오 캉코꾸마데 오쿠리따인데스가
>
> **B : 航空便ですか。**
> 코-쿠-빈데스까
>
> A : 이 짐을 한국으로 부치려고 하는데요.
> B : 항공편입니까?

편지를 부쳐주세요.
この手紙をお願いします。
고노 테가미오 오네가이시마스

이 소포 부탁합니다.
この小包、お願いします。
고노 코즈쯔미 오네가이시마스

이것을 속달로 부탁합니다.
これを速達でお願いします。
고레오 소꾸타츠데 오네가이시마스

배편으로 부탁합니다.
船便でお願いします。
후나빈데 오네가이시마스

등기우편으로 보내려고 하는데요.
書留で送りたいのですが。
가키토메데 오쿠리따이노데스가

일상생활

한국까지의 항공편은 얼마입니까?

韓国までの航空便はいくらですか。
かんこく　　　　　こうくうびん

캉코꾸마데노 코-쿠-빙와 이쿠라데스까

여기에 주소와 이름을 써넣어 주십시오.

ここに住所と名前を書き込んでください。
じゅうしょ　なまえ　か こ

고꼬니 쥬-쇼또 나마에오 카키콘데 쿠다사이

내용물은 뭡니까?

中身は何ですか。
なかみ　なん

나카미와 난데스까

며칠 정도 걸립니까?

何日かかりますか。
なんにち

난니찌 카카리마스까

도착하려면 얼마나 걸립니까?

届くにはどのくらいかかりますか。
とど

토도쿠니와 도노쿠라이 카카리마스까

📎 소포는 보통 항공편과 배편으로 나뉘는데, 항공편은 가격이 비싼 대신 빠른 시일 내에 도착하고 위치 추적이 가능합니다. 배편은 항공편에 비해 비교적 가격이 싸지만 도착하기까지 시간이 많이 소요되며 분실될 위험이 있습니다.

제4장 11. 미용실에서

주요표현

A : どうなさいますか。
도- 나사이마스까

B : カットだけお願いします。
캇또다케 오네가이시마스

A : 어떻게 해 드릴까요?
B : 커트만 해 주세요.

어떤 스타일로 해 드릴까요?

どんなスタイルになさいますか。
돈나 스타이루니 나사이마스까

어떻게 자를까요?

どのように切りましょうか。
도노요-니 키리마쇼-까

조금 짧게 해 주세요.

少し短くしてください。
스코시 미지카쿠시떼 쿠다사이

스타일을 바꾸고 싶은데요.

スタイルを変えたいのですが。
스타이루오 카에따이노데스가

샴푸하고 커트해 주세요.

シャンプーとカットをお願いします。
샴푸-또 캇또오 오네가이시마스

일상생활

머리를 염색해 주세요.

髪を染めてください。

카미오 소메떼 쿠다사이

약하게 파마해 주세요.

軽くパーマをかけてください。

카루꾸 파-마오 카케떼 쿠다사이

이런 스타일로 해 주세요.

こんな感じにしてください。

콘나 칸지니 시떼 쿠다사이

눈썹을 다듬어 주세요.

眉毛を整えてください。

마유게오 토토노에떼 쿠다사이

수염을 깎아 주세요.

ひげを剃ってください。

히게오 솟떼 쿠다사이

📎 일본의 미용실은 약간 비싼 편인데, 미용실에 따라서는 '스타일 비'라고 해서 가르마 위치를 정해 주면서 돈을 받는 곳도 있습니다. 물론 머리를 손질한 후 샴푸를 하는 경우에도 비용을 따로 내야 합니다.

제4장 12. 도서관에서

주요표현

A : 本は何冊まで借りられますか。
홍와 난사쯔마데 카리라레마스까

B : 5冊まで借りられます。
고사쯔마데 카리라레마스

A : 책은 몇 권까지 빌릴 수 있습니까?
B : 5권까지 빌릴 수 있습니다.

책을 빌리고 싶습니다만.
本を借りたいんですが。
홍오 카리따인데스가

자리는 자유입니다.
席は自由です。
세키와 지유-데스

이용 시간은 오전 9시부터 오후 6시까지입니다.
利用時間は午前9時から午後6時までです。
리요-지깡와 고젠 쿠지까라 고고 로꾸지마데데스

일주일간 빌릴 수 있습니다.
2週間借りられます。
니슈-캉 카리라레마스

여기에 기입해 주세요.
ここに書き込んでください。
고꼬니 카키콘데 쿠다사이

일상생활

대출기간은 언제까지입니까?
貸し出し期間はいつまでですか。
카시다시 키캉와 이쯔마데데스까

4권 이상은 빌릴 수 없습니다.
4冊以上は借りられません。
욘사쯔 이죠-와 카리라레마셍

반납일은 1주일 후입니다.
返却日は１週間後です。
헹캬꾸비와 잇슈-캉고데스

늦게 반납하면 벌금을 내야 합니다.
返却が遅れると罰金を払わなければなりません。
헹캬쿠가 오쿠레루또 박킹오 하라와나케레바 나리마셍

그 책은 대출중입니다만.
その本はもう貸し出し中ですが。
소노 홍와 모- 카시다시쮸-데스가

예약해 드릴까요?
本を予約しておきましょうか。
홍오 요야꾸시테 오키마쇼-까

121

제4장   13. 은행에서

> **A : 口座を持っていますか。**
> 코-자오 못떼 이마스까
>
> **B : はい、これが私の口座番号です。**
> 하이 고레가 와따시노 코-자방고-데스
>
> A : 계좌 갖고 계세요?
> B : 네, 이게 제 계좌번호입니다.

돈을 좀 찾고 싶습니다.
お金を少し下ろしたいんです。
오카네오 스코시 오로시따인데스

송금하고 싶은데요.
送金したいんですけど。
소-킨시타인데스케도

예금을 하고 싶은데요.
預金したいのですが。
요킨시타이노데스가

현재 환율은 얼마입니까?
現在の為替レートはいくらですか。
겐자이노 카와세레-또와 이쿠라데스까

환전해 주세요.
両替してください。
료-가에시떼 쿠다사이

일상생활

이걸 잔돈으로 바꿔주실 수 있습니까?
これを小銭にくずしてもらえますか。
고레오 코제니니 쿠즈시떼 모라에마스까

잔돈으로 바꿔주세요.
これを細かくしてください。
고레오 코마카꾸 시떼 쿠다사이

잔액을 알려주시지 않겠습니까?
残高を教えてくださいませんか。
잔다카오 오시에떼 쿠다사이마셍까

돈을 바꾸고 싶은데요.
お金を交換したいのですが。
오카네오 코-칸시타이노데스가

잔돈으로 바꿔주세요.
小銭に替えてください。
코제니니 카에떼 쿠다사이

일본의 은행 근무시간은 오전 9시부터 오후 3시까지입니다. 접수를 하면 처리되기까지 약 15분 정도가 소요되며, 오후 2시부터는 접수를 받지 않는 경우가 많기 때문에 시간을 잘 맞춰서 가야 피해를 보지 않습니다.

제4장 14. 극장에서

> **주요표현**
>
> A : 何時に始まりますか。
> 난지니 하지마리마스까
>
> B : 午後3時半からです。
> 고고 산지항까라데스
>
> A : 몇 시에 시작합니까?
> B : 오후 3시 반부터입니다.

어디서 표를 삽니까?
どこでチケットを買いますか。
도코데 치켓또오 카이마스까

가장 싼 자리는 얼마입니까?
いちばん安い席はいくらですか。
이찌방 야스이 세키와 이쿠라데스까

이 차림으로 갈 수 있습니까?
この格好で行けますか。
고노 각꼬-데 이케마스까

지금 어떤 영화가 상영되고 있습니까?
今どんな映画が上映されていますか。
이마 돈나 에-가가 죠-에-사레떼 이마스까

영화는 벌써 시작했나요?
映画はもう始まったんですか。
에-가와 모- 하지맛딴데스까

일상생활

공연은 언제쯤 끝납니까?

公演は何時ごろ終わりますか。

코-엥와 난지고로 오와리마스까

언제까지 하나요?

いつまでやりますか。

이쯔마데 야리마스까

지금이라도 표를 구할 수 있나요?

今からでもチケットは手に入りますか。

이마까라데모 치켓또와 테니 하이리마스까

지정석입니까?

指定席ですか。

시테-세키데스까

> 일본의 영화 관람료는 약간 비싼 편이지만, 요일별로 할인혜택이 있어서 조금 싸게 볼 수 있습니다.

가운데 자리로 주세요.

中央寄りの席をください。

츄-오-요리노 세키오 쿠다사이

어른 2장이랑 아이 1장 주세요.

大人2枚と子供1枚ください。

오토나 니마이또 코도모 이찌마이 쿠다사이

관련단어

학교

한국어	일본어	발음
학교	学校(がっこう)	각꼬-
학생	学生(がくせい)	각세-
	生徒(せいと)	세-토
학년	年生(ねんせい)	넨세-
시험	試験(しけん)	시켕
중간고사	中間(ちゅうかん)テスト	츄-칸테스토
기말고사	期末試験(きまつしけん)	기마쯔시켕
수업	授業(じゅぎょう)	쥬교-
공부	勉強(べんきょう)	벵쿄-
초등학교	小学校(しょうがっこう)	쇼-각꼬-
중학교	中学校(ちゅうがっこう)	츄-각꼬-
고등학교	高等学校(こうとうがっこう)	코-토-각꼬-
대학교	大学(だいがく)	다이가꾸
대학원	大学院(だいがくいん)	다이가꾸인
전공	専攻(せんこう)	셍코-
경제학	経済学(けいざいがく)	케-자이가꾸
경영학	経営学(けいえいがく)	케-에-가꾸
공학	工学(こうがく)	코-가꾸
화학	化学(かがく)	카가꾸
심리학	心理学(しんりがく)	신리가꾸
의학	医学(いがく)	이가꾸
법학	法学(ほうがく)	호-가꾸
어학	語学(ごがく)	고가꾸
박사	博士(はかせ)	하카세

| 석사 | 修士(しゅうし) | 슈-시 |
| 학사 | 学士(がくし) | 가꾸시 |

회사

지사	支社(ししゃ)	시샤
거래처	取引先(とりひきさき)	토리히키사키
창립	創立(そうりつ)	소-리쯔
사원	社員(しゃいん)	샤인
입사	入社(にゅうしゃ)	뉴-샤
퇴사, 퇴근	退社(たいしゃ)	타이샤
퇴근	退勤(たいきん)	타이킹
전근	転勤(てんきん)	텡킹
퇴직	退職(たいしょく)	타이쇼꾸
잔업, 야근	残業(ざんぎょう)	장교-
출장	出張(しゅっちょう)	슛쵸-
휴가	休暇(きゅうか)	큐-카
급여, 임금	給料(きゅうりょう)	큐-료-
보너스, 상여금	ボーナス	보-나스

직위

회장	会長(かいちょう)	카이쵸-
사장	社長(しゃちょう)	샤쵸-
부장	部長(ぶちょう)	부쵸-
차장	次長(じちょう)	지쵸-
과장	課長(かちょう)	카쵸-
계장	係長(かかりちょう)	카카리쵸-

관련단어

주임	主任(しゅにん)	슈닝
직원	職員(しょくいん)	쇼꾸인
경리	経理(けいり)	케-리
상사	上司(じょうし)	죠-시
부하	部下(ぶか)	부카
임원	役員(やくいん)	야꾸인
중역, 이사	重役(じゅうやく)	쥬-야꾸
파견사원	派遣社員(はけんしゃしん)	하켄샤인
부서	部署(ぶしょ)	부쇼
인사부	人事部(じんじぶ)	진지부
영업부	営業部(えいぎょうぶ)	에-교-부
기획부	企画部(きかくぶ)	기카쿠부
관리부	管理部(かんりぶ)	칸리부
총무부	総務部(そうむぶ)	소-무부
편집부	編集部(へんしゅうぶ)	헨슈-부

취미

취미	趣味(しゅみ)	슈미
드라이브	ドライブ	도라이브
낚시	釣(つ)り	쯔리
게임	ゲーム	게-무
재즈	ジャズ	쟈즈
댄스	ダンス	단스
연주	演奏(えんそう)	엔소-
서예	書道(しょどう)	쇼도-
다도	茶道(さどう)	사도-

바둑	囲碁(いご)	이고
장기	将棋(しょうぎ)	쇼-기
영화	映画(えいが)	에-가
사진	写真(しゃしん)	샤싱
그림	絵(え)	에
여행	旅行(りょこう)	료코-
등산	登山(とざん)	토잔

스포츠

스포츠	スポーツ	스포-쯔
야구	野球(やきゅう)	야큐-
축구	サッカー	삭까-
골프	ゴルフ	고루후
농구	バスケットボール	바스켓또보-루
배구	バレーボール	바레-보-루
수영	水泳(すいえい)	스이에-
테니스	テニス	테니스
탁구	卓球(たっきゅう)	탁큐-
	ピンポン	핌퐁
스모	相撲(すもう)	스모-
유도	柔道(じゅうどう)	쥬-도-
검도	剣道(けんどう)	켄도-
배드민턴	バドミントン	바도민톤
양궁	アーチェリー	아-체리-
레슬링	レスリング	레스링구
볼링	ボーリング	보-링구

관련단어

종교

종교	宗教(しゅうきょう)	슈-쿄-
기독교	キリスト教(きょう)	키리스토쿄-
불교	仏教(ぶっきょう)	북쿄-
이슬람교	イスラム教(きょう)	이스라무쿄-
교회	教会(きょうかい)	쿄-카이
절	寺(てら)	테라
신사	神社(じんじゃ)	진쟈
신도	信徒(しんと)	신토
하느님	神(かみ)	카미
부처	仏(ほとけ)	호토케

증상·병원

구역질	吐(は)き気(け)	하끼케
오한, 한기	寒気(さむけ)	사무케
현기증	めまい	메마이
감기	風邪(かぜ)	카제
기침	咳(せき)	세키
콧물	鼻水(はなみず)	하나미즈
재채기	くしゃみ	쿠샤미
열	熱(ねつ)	네쯔
두통	頭痛(ずつう)	즈쯔-
화상	火傷(やけど)	야케도
충혈	充血(じゅうけつ)	쥬-케쯔
설사	下痢(げり)	게리

소화불량	消化不良(しょうかふりょう)	쇼-카후료-
지사제	下痢止(げりど)め	게리도메
감기약	風邪薬(かぜぐすり)	카제구스리
위장약	胃腸薬(いちょうやく)	이쵸-야꾸
안약	目薬(めぐすり)	메구스리
처방전	処方箋(しょほうせん)	쇼호-센
부작용	副作用(ふくさよう)	후쿠사요-
꽃가루 알레르기	花粉症(かふんしょう)	카훈쇼-
알레르기	アレルギー	아레루기-
외과	外科(げか)	게카
내과	内科(ないか)	나이카
정형외과	整形外科(せいけいげか)	세-케-게카
소아과	小児科(しょうにか)	쇼-니카
이비인후과	耳鼻咽喉科(じびいんこうか)	지비인코-카
안과	眼科(がんか)	강카
치과	歯科(しか)	시카
산부인과	産婦人科(さんふじんか)	상후징카
비뇨기과	泌尿器科(ひにょうきか)	히뇨-키카
피부과	皮膚科(ひふか)	히후카

우체국

우체국	郵便局(ゆうびんきょく)	유-빙꾜꾸
우편번호	郵便番号(ゆうびんばんごう)	유-빔방고-
엽서	葉書(はがき)	하가끼
우표	切手(きって)	킷떼

편지	手紙(てがみ)	테가미
소포	小包(こづつみ)	코즈쯔미
속달	速達(そくたつ)	소꾸타쯔
항공편	航空便(こうくうびん)	코-쿠-빙
배편	船便(ふなびん)	후나빙
등기	書留(かきとめ)	가키토메

미용실

머리카락	髪(かみ)の毛(け)	카미노케
헤어스타일	髪型(かみがた)	카미가따
짧은머리	ショートカット	쇼-토캇또
단발머리	おかっぱ	오캅빠
커트	カット	캇또
염색하다	染(そ)める	소메루
금발	金髪(きんぱつ)	킴파쯔
파마	パーマ	파-마

은행업무

저금	預(あず)け入(い)れ	아즈케이레
환전	両替(りょうがえ)	료-가에
인출, 출금	引(ひ)き出(だ)し	히키다시
통장	通帳(つうちょう)	쯔-쵸-
인감도장	印鑑(いんかん)	잉캉
적금	積(つ)み立(た)て	쯔미타테

5장

전화

1. 전화를 걸 때
2. 전화를 받을 때
3. 부재중일 때
4. 말을 전할 때
5. 기타 전화 상황

japanese

제5장 1. 전화를 걸 때

> A : もしもし、山田さんのお宅でしょうか。
> 모시모시 야마다산노 오타꾸데쇼-까
>
> B : はい、そうです。
> 하이 소-데스
>
> A : 여보세요, 야마다 씨 댁입니까?
> B : 네, 그렇습니다.

실례지만 김씨를 부탁드립니다.
すみませんが、金さんをお願いします。
스미마셍가 김상오 오네가이시마스

여보세요, 오노 씨세요?
もしもし、大野さんでしょうか。
모시모시 오-노상데쇼-까

마쓰모토 씨는 계십니까?
松本さんはおられますか。
마쯔모토상와 오라레마스까

스즈키 씨 계십니까?
鈴木さんはいらっしゃいますか。
스즈키상와 이랏샤이마스까

저는 다나카라고 합니다.
こちら田中と申します。
고찌라 다나카또 모-시마스

전화

오노 씨와 통화를 하고 싶은데요.
大野さんとお話ししたいんですが。
오-노산또 오하나시 시타인데스가

영업부의 다나카 씨 부탁합니다.
営業部の田中さんをお願いします。
에-교-부노 다나카상오 오네가이시마스

계약 건으로 전화드렸습니다만.
契約の件でお電話さしあげたのですが。
케-야꾸노 켄데 오뎅와 사시아게따노데스가

지금 시간 괜찮으십니까?
今お時間はよろしいですか。
이마 오지캉와 요로시-데스까

제5장 2. 전화를 받을 때

주요표현

A：失礼ですが、どちらさまですか。
시쯔레-데스가 도치라사마데스까

B：ああ、わたし山田ですけど。
아- 와따시 야마다데스케도

A : 실례지만 누구십니까?
B : 네, 저는 야마다입니다만.

누구십니까?

どなたですか。
도나타데스까

어느 분에게 거셨어요?

だれにおかけですか。
다레니 오카케데스까

실례합니다만, 누구십니까?

恐れ入りますが、どちらさまでしょうか。
오소레이리마스가 도치라사마데쇼-까

실례지만 성함이 어떻게 되십니까?

失礼ですが、お名前は何とおっしゃいますか。
시쯔레-데스가 오나마에와 난또 옷샤이마스까

무슨 일로 전화주셨습니까?

どういうご用件ですか。
도- 이우 고요-켄데스까

전화

무슨 일이십니까?
何のご用でしょうか。
난노 고요-데쇼-까

누구를 연결해 드릴까요?
誰におつなぎしましょうか。
다레니 오쯔나기 시마쇼-까

끊지 말고 그대로 기다려 주세요.
切らずにそのままお待ちください。
키라즈니 소노마마 오마찌 쿠다사이

오래 기다리셨습니다. 다나카입니다.
お待たせしました。田中です。
오마타세시마시따 다나카데스

전화 바꿨습니다. 다나카입니다.
お電話かわりました。田中です。
오뎅와 카와리마시따 다나카데스

편집부입니다. 무슨 일이십니까?
編集部です。何でございますか。
헨슈-부데스 난데 고자이마스까

제가 마쓰모토입니다만.
私が松本ですが。
와따시가 마쯔모토데스가

137

제5장   3. 부재중일 때

주요표현

A : 加藤さんはいらっしゃいますか。
가토-상와 이랏샤이마스까

B : 加藤はただいま席を外しておりますが。
가토-와 타다이마 세키오 하즈시떼 오리마스가

A : 가토 씨 계십니까?
B : 가토 씨는 지금 자리를 비우셨습니다만.

남편은 지금 외출했습니다만.
主人はただいま出かけておりますが。
슈징와 타다이마 데카케떼 오리마스가

과장님은 지금 출장중이십니다.
うちの課長は今 出張中 です。
우찌노 카쵸-와 이마 슛쵸-츄-데스

지금은 안 계십니다.
今はおりません。
이마와 오리마셍

마침 다나카 씨는 통화중입니다만.
あいにく田中さんは電話中ですが。
아이니꾸 다나카상와 뎅와츄-데스가

죄송합니다, 지금 다른 전화를 받고 있습니다.
すみません、今別の電話に出ております。
스미마셍 이마 베쯔노 뎅와니 데떼 오리마스

전화

지금 회의중이신데요.
ただいま会議中です。
타다이마 카이기쮸-데스

한 시간 후에 다시 걸어주시겠습니까?
1時間後にかけ直していただけますか。
이찌지깡고니 카케나오시떼 이타다케마스까

언제 돌아오십니까?
いつごろお帰りになりますか。
이쯔고로 오카에리니 나리마스까

몇 시쯤이면 계십니까?
何時ごろだといらっしゃいますか。
난지고로다또 아랏샤이마스까

언제 돌아오십니까?
いつお戻りになりますか。
이쯔 오모도리니 나리마스까

금방 올 것입니다만.
すぐ戻ると思いますが。
스구 모도루또 오모이마스가

몇 시에 돌아오시는지는 모르겠습니다만.
何時にお戻りになるかは分かりませんが。
난지니 오모도리니 나루카와 와카리마셍가

제5장 4. 말을 전할 때

주요표현

A : 部長はただいま席を外しておりますが。
부쵸-와 타다이마 세키오 하즈시떼 오리마스가

B : そうですか。では、伝言をお願いします。
소-데스까 데와 뎅공오 오네가이시마스

A : 부장님은 지금 자리를 비우셨는데요.
B : 그렇습니까? 그럼 전언을 부탁합니다.

전화번호를 가르쳐 주시겠습니까?
電話番号を教えていただけますか。
뎅와방고-오 오시에떼 이타다케마스까

전언을 부탁드리고 싶습니다만.
お言付けをお願いしたいんですが。
오코토즈케오 오네가이시따인데스가

메모를 남기고 싶습니다만.
メモを残したいんですが。
메모오 노코시따인데스가

메시지를 전해 드릴까요?
伝言をお伝えしましょうか。
뎅공오 오쯔타에시마쇼-까

전해 주시겠습니까?
伝言していただけますか。
뎅곤시떼 이타다케마스까

전화

나중에 다시 한번 걸겠습니다.
あとでもう一度かけ直します。
아또데 모-이찌도 카케나오시마스

나중에 이쪽에서 전화하겠습니다.
のちほどこちらからお電話いたします。
노치호도 고찌라카라 오뎅와이따시마스

저에게 전화가 왔다고 전해 주세요.
私から電話があったとお伝えください。
와따시카라 뎅와가 앗따토 오쯔따에 쿠다사이

즉시 전화를 주셨으면 합니다.
おりかえしお電話をいただきたいんですが。
오리카에시 오뎅와오 이타다키따인데스가

꼭 전해 드리겠습니다.
確かに申し伝えます。
타시카니 모-시쯔타에마스

제5장 5. 기타 전화 상황

주요표현

A : 何番におかけになりましたか。
남반니 오카케니 나리마시타까

B : 980 - 1126じゃありませんか。
큐-하찌제로노 이찌이찌니로꾸쟈 아리마셍까

A : 몇 번에 거셨어요?
B : 980-1126 아닌가요?

번호가 틀린 것 같습니다만.

番号をお間違えのようですが。

방고-오 오마치가에노요-데스가

죄송합니다, 번호를 착각했습니다.

すみません、番号を間違えました。

스미마셍 방고-오 마치가에마시따

전화가 멀어서 잘 안 들립니다만.

電話が遠くてよく聞こえないのですが。

뎅와가 토-쿠떼 요꾸 키코에나이노데스가

더 크게 말씀해 주세요.

もう少し大きな声でおっしゃってください。

모- 스코시 오-키나 코에데 옷샷떼 쿠다사이

다시 한 번 말씀해 주시겠습니까?

もう一度おっしゃっていただけますか。

모- 이찌도 옷샷떼 이타다케마스까

전화

수신자부담으로 부탁드립니다.

コレクトコールでお願いします。

코레쿠또코-루데 오네가이시마스

어디로 전화를 거실 건가요?

どちらにおかけになりますか。

도찌라니 오카케니 나리마스까

전화번호를 말씀해 주십시오.

電話番号をおっしゃってください。

뎅와방고-오 옷샷떼 쿠다사이

한국 서울이고 번호는 983-0617 입니다.

韓国のソウルで、番号は983 - 0617です。

캉코꾸노 소-루데 방고-와 큐-햐찌산노 제로로꾸이찌나나데스

연결되었습니다. 통화하십시오.

おつなぎになりました。どうぞお話ください。

오쯔나기니 나리마시따 도-조 오하나시 쿠다사이

관련단어

전화

연락처	連絡先(れんらくさき)	렌라꾸사키
부재중	留守(るす)	루스
컬렉트콜	コレクトコール	코레쿠토코-루
국제 전화	国際電話(こくさいでんわ)	곡사이뎅와
자동 응답 전화	留守番電話(るすばんでんわ)	루스방뎅와
공중전화	公衆電話(こうしゅうでんわ)	코-슈-뎅와
전화카드	テレホンカード	테레홍카-도
휴대폰	携帯電話(けいたいでんわ)	케-타이뎅와
휴대폰 메일	ケータイメール	케-타이메-루
착신 노래	着(ちゃく)うた	챠쿠우타
착신 멜로디	着(ちゃく)メロ	챠쿠메로
매너모드	マナーモード	마나-모-도
배경화면	待(ま)ち受(う)け画面(がめん)	마치우케가멘
전파범위 밖	圏外(けんがい)	켕가이

6장

초대 · 방문 · 축하

1. 초대할 때
2. 방문할 때
3. 손님을 맞이할 때
4. 식사를 대접할 때
5. 손님을 배웅할 때
6. 축하의 표현
7. 감사의 표현
8. 기념일 축하

japanese

제6장 1. 초대할 때

주요표현

A : 私の家に来ませんか。
와따시노 이에니 키마셍까

B : もちろん行きます。
모찌롱 이키마스

A : 우리집에 오지 않을래요?
B : 물론 가겠습니다.

이번 토요일에 식사하러 오시지 않겠습니까?

今度の土曜日、お食事にいらっしゃいませんか。

곤도노 도요-비 오쇼꾸지니 이랏샤이마셍까

오늘밤에 파티가 있는데 같이 가지 않을래?

今夜、パーティーがあるんだけど、一緒に行かない？

콩야 파-티가 아룬다케도 잇쇼니 이까나이

내일 동창회가 있으니 참석해 주세요.

明日の同窓会に参加してください。

아시따노 도-소-카이니 상까시떼 쿠다사이

우리집에 식사하러 오지 않을래요?

家に食事しに来ませんか。

이에니 쇼꾸지시니 키마셍까

언제 놀러 오세요.

いつか遊びに来てください。

이쯔카 아소비니 키떼 쿠다사이

초대 · 방문 · 축하

꼭 가겠습니다.
必ず行きます。
카나라즈 이키마스

오늘밤 나랑 식사하는 건 어때?
今晩、私と食事はどう？
콤방 와따시또 쇼꾸지와 도-

6시는 어떠세요?
6時はいかがですか。
로꾸지와 이카가데스까

늦지 말아주세요.
遅れないでください。
오쿠레나이데 쿠다사이

제6장 2. 방문할 때

> A : ごめんください。
> 고멘 쿠다사이
>
> B : あ、山田さん。いらっしゃい。
> 아 야마다상 이랏샤이
>
> A : 실례합니다.
> B : 아, 야마다 씨. 어서 오세요.

실례합니다.

おじゃまします。
오쟈마시마스

여기가 다나카 씨 댁입니까?

ここが田中さんのお宅でしょうか。
고꼬가 다나카산노 오타쿠데쇼-까

늦어서 죄송합니다.

遅くなってすみません。
오소쿠 낫떼 스미마셍

초대해 주셔서 감사합니다.

お招きいただいてありがとうございます。
오마네키 이타다이떼 아리가토-고자이마스

불러 주셔서 감사합니다.

誘ってくれてうれしいです。
사솟떼 쿠레떼 우레시-데스

초대 · 방문 · 축하

방해되는 건 아닌지요?

お邪魔ではないでしょうか。

오쟈마데와 나이데쇼-까

이거 받으세요.

これをどうぞ。

고레오 도-조

별거 아닙니다만, 받으세요.

つまらないものですが、どうぞ。

쯔마라나이모노데스가 도-조

고장의 명산품입니다만, 입맛에 맞으실지 어떨지……

当地の名産なのですが、お口に合いますかどうか……。

토-치노 메-산나노데스가 오쿠치니 아이마스까 도-까

약소하지만 드세요.

心ばかりのものですが、どうぞお召し上がりください。

고코로 바카리노 모노데스가 도-조 오메시아가리 쿠다사이

> 남의 집이나 거래처에 방문할 때는 미리 연락을 하고 약속을 한 뒤에 방문해야 합니다. 약속도 없이 갑자기 방문하는 것은 굉장히 실례되는 행동입니다. 방문할 때는 작은 선물을 준비하는 것이 예의이며, 주로 고급과자를 많이 선물합니다.

제6장 3. 손님을 맞이할 때

> A : どうぞお入りください。
> 도-조 오하이리 쿠다사이
>
> B : はい。では、失礼します。
> 하이 데와 시쯔레-시마스
>
> A : 어서 들어오세요.
> B : 네. 그럼, 실례하겠습니다.

잘 오셨습니다.

よくいらっしゃいました。
요쿠 이랏샤이마시따

어서 오세요, 기다리고 있었습니다.

いらっしゃいませ、お待ちしておりました。
이랏샤이마세 오마치시떼 오리마시따

이리 오세요.

こちらへどうぞ。
고치라에 도-조

> 일본의 옛 가옥구조가 현관보다 실내가 높아서 '올라오세요'라고 하던 것이 지금은 '들어오세요'라는 의미로 쓰입니다.

자, 들어오십시오.

どうぞお上がりください。
도-조 오아가리 쿠다사이

이리 앉으세요.

こちらへおかけください。
고치라에 오카케 쿠다사이

150

초대 · 방문 · 축하

편히 계세요.

くつろいでください。
쿠쯔로이데 쿠다사이

어서 앉으세요.

どうぞおかけください。
도-조 오카케 쿠다사이

자, 편히 있으세요.

どうぞごゆっくり。
도-조 고윳꾸리

코트 주세요 (맡아둘게요).

コートをあずかりましょう。
코-또오 아즈카리마쇼-

와 줘서 기뻐요.

来てくれてうれしいです。
키떼 쿠레떼 우레시-데스

제6장 4. 식사를 대접할 때

> A : どうぞ。
> 도-조
>
> B : はい、いただきます。
> 하이 이타다끼마스
>
> A : 어서 드세요.
> B : 네, 잘 먹겠습니다.

잘 먹겠습니다.

いただきます。
이타다키마스

음료수라도 드시겠어요?

何かお飲み物いかがですか。
나니까 오노미모노 이카가데스까

커피와 녹차 중 어느 걸로 하시겠습니까?

コーヒーとお茶、どちらになさいますか。
코-히-또 오챠 도치라니 나사이마스까

커피 드시겠습니까?

コーヒーはいかがですか。
코-히-와 이카가데스까

마음껏 드십시오.

どうぞ召し上がってください。
도-조 메시아갓떼 쿠다사이

초대 · 방문 · 축하

자, 드세요.
どうぞお取(と)りください。
도-조 오토리 쿠다사이

입에 맞으세요?
お口(くち)に合(あ)いますか。
오쿠치니 아이마스까

좋은 향기네요.
いい香(かお)りですね。
이- 카오리데스네

> 음식을 먹기 전과 먹은 후에는 적절한 감상을 말해주는 것이 예의이며, 분위기를 살리는 좋은 방법입니다.

대단히 맛있습니다.
すごくいい味(あじ)です。
스고꾸 이- 아지데스

독특한 맛이군요.
どくとくな味(あじ)ですね。
독토쿠나 아지데스네

조금 더 드실래요?
もう少(すこ)しいかがですか。
모- 스코시 이카가데스까

잘 먹었습니다.
ごちそうさまでした。
고치소-사마데시타

제6장   5. 손님을 배웅할 때

> **주요표현**
>
> A: それでは、そろそろおいとまします。
> 소레데와 소로소로 오이토마시마스
>
> B: また遊びに来てください。
> 마따 아소비니 키떼 쿠다사이
>
> A: 그럼 이만 슬슬 가보겠습니다.
> B: 또 놀러 오세요.

정성스럽게 베풀어 주셔서 감사합니다.

温かいおもてなしありがとうございました。
아타타까이 오모테나시 아리가또-고자이마시타

늦게까지 실례했습니다.

おそくまで失礼いたしました。
오소꾸마데 시쯔레-이타시마시따

그럼 이만 실례하겠습니다.

では、これで失礼いたします。
데와 고레데 시쯔레-이타시마스

벌써 가시게요?

もういかれるんですか。
모- 이카레룬데스까

좀더 계시다 가세요.

もうちょっといいじゃないですか。
모- 촛또 이-쟈나이데스까

154

초대 · 방문 · 축하

좀더 천천히 계시다 가세요.
もう少しゆっくりなさってください。
모- 스코시 육꾸리 나삿떼 쿠다사이

또 만나뵙기를 기대하겠습니다.
またお会いしたいですね。
마따 오아이시타이데스네

역까지 모셔다 드리겠습니다.
駅までお送りいたします。
에끼마데 오오쿠리이따시마스

한가할 때 언제든지 오세요.
お暇な時にいつでも来てください。
오히마나토끼니 이쯔데모 키떼 쿠다사이

또 오세요.
また来てくださいね。
마따 키떼 쿠다사이네

제6장 6. 축하의 표현

> **A : ご卒業おめでとうございます。**
> 고소쯔교- 오메데또-고자이마스
>
> **B : ありがとうございます。**
> 아리가또-고자이마스
>
> A : 졸업 축하드려요.
> B : 감사합니다.

입학 축하합니다.
ご入学おめでとうございます。
고뉴-가꾸 오메데또-고자이마스

합격 축하합니다.
合格おめでとうございます。
고-카꾸 오메데또-고자이마스

취직 축하합니다.
ご就職おめでとうございます。
고슈-쇼꾸 오메데또-고자이마스

취직 내정된 것 축하드립니다.
就職の内定、おめでとうございます。
슈-쇼꾸노 나이테- 오메데또-고자이마스

승진 축하드립니다.
ご昇進おめでとうございます。
고쇼-신 오메데또-고자이마스

156

초대 · 방문 · 축하

출산 축하드립니다.
ご出産おめでとうございます。
고슛상 오메데또-고자이마스

부디 행복하세요.
どうぞお幸せに。
도-조 오시아와세니

건강하길 빌겠습니다.
どうか健康を祈ります。
도-카 겡코-오 이노리마스

성공하시길 빌겠습니다.
ご成功をお祈りいたします。
고세이코-오 오이노리이따시마스

일본에서는 대학교 졸업식 때 전통 예복인 하카마를 입습니다. 하카마는 기모노와 달리 저고리와 치마가 따로 있는 것이 특징이며, 혼자서는 입을 수 없어서 도와주는 사람이 필요합니다. 여학생들은 아침 일찍부터 미용실에서 머리를 하고 예쁘게 꾸밉니다.

제6장 7. 감사의 표현

> **주요표현**
>
> A : ありがとうございます。
> 아리가또-고자이마스
>
> B : どういたしまして。
> 도-이타시마시떼
>
> A : 감사합니다.
> B : 별말씀을요.

고마워.
ありがとう。
아리가또-

대단히 감사합니다.
どうもありがとうございます。
도-모 아리가또-고자이마스

저야말로 감사합니다.
こちらこそありがとうございます。
고치라코소 아리가또-고자이마스

정말 감사하고 있습니다.
本当に感謝しております。
혼또-니 칸샤시떼 오리마스

여러모로 신세 많이 졌습니다.
いろいろお世話になりました。
이로이로 오세와니 나리마시따

초대 · 방문 · 축하

수고를 끼쳤습니다.
ご面倒をおかけしました。
고멘도-오 오카케시마시따

여러 가지로 도움이 되었습니다.
いろいろ助かりました。
이로이로 다스카리마시따

많은 도움이 되었습니다.
たいへん助かりました。
타이헨 다스카리마시따

배려에 감사드리겠습니다.
お心づかいありがとうございます。
오코꼬로즈카이 아리가또-고자이마스

정성껏 베풀어 주신 은혜에 감사드립니다.
心のこもったご配慮に感謝します。
고코로노 코못따 고하이료니 칸샤시마스

덕분에 잘 됐습니다.
おかげさまで助かりました。
오카게사마데 다스카리마시따

초대해 주셔서 감사합니다.
お招きいただきありがとうございます。
오마네키 이타다끼 아리가또-고자이마스

159

제6장 8. 기념일 축하

주요표현

A : 明けましておめでとうございます。
아케마시떼 오메데또-고자이마스

B : 今年もよろしくお願いします。
고토시모 요로시쿠 오네가이시마스

A : 새해 복 많이 받으세요.
B : 올해도 잘 부탁드립니다.

새해 복 많이 받으세요.

新年おめでとう。

신넨 오메데또-

새해 복 많이 받으세요.

よいお年をお迎えください。

요이 오토시오 오무카에 쿠다사이

메리 크리스마스!

メリークリスマス！

메리-크리스마스

생일 축하해.

誕生日おめでとう。

탄죠-비 오메데또-

생일 축하해요.

お誕生日おめでとうございます。

오탄죠-비 오메데또-고자이마스

초대 · 방문 · 축하

결혼을 축하드립니다.
ご結婚おめでとうございます。
고켓꽁 오메데또-고자이마스

결혼기념일 축하해요.
結婚記念日おめでとう。
켓꽁키넴비 오메데또-

어머니의 날 축하해요.
母の日、おめでとう。
하하노 히 오메데또-

　일본은 아버지의 날과 어머니의 날이 따로 있습니다. 어머니의 날은 5월 둘째주 일요일, 아버지의 날은 6월 셋째주 일요일입니다. 이 날은 부모님께 감사하는 마음으로 카네이션과 장미를 선물합니다.

관련단어

기념일

한국어	일본어	발음
기념일	記念日(きねんび)	기넴비
생일	誕生日(たんじょうび)	탄죠-비
입학	入学(にゅうがく)	뉴-가꾸
졸업	卒業(そつぎょう)	소쯔교-
결혼	結婚(けっこん)	겟꽁
합격	合格(ごうかく)	고-카꾸
취직	就職(しゅうしょく)	슈-쇼꾸
내정	内定(ないてい)	나이테-
승진	昇進(しょうしん)	쇼-신
어머니의 날	母(はは)の日(ひ)	하하노히
아버지의 날	父(ちち)の日(ひ)	치찌노히
크리스마스	クリスマス	크리스마스
밸런타인데이	バレンタインデー	바렌타인데-
화이트데이	ホワイトデー	호와이토데-

쇼핑 · 식사 7장

1. 물건을 고를 때
2. 슈퍼에서
3. 가격 흥정하기
4. 물건값 계산하기
5. 교환, 반품
6. 음식점에서
7. 음식 주문하기
8. 패스트푸드점에서
9. 맛에 대한 표현
10. 술을 마실 때
11. 식사 시의 기타 요청
12. 식사비 계산하기

japanese

제7장　1. 물건을 고를 때

> A : デジタルカメラはありますか。
> 데지타루카메라와 아리마스까
>
> B : はい、こちらへどうぞ。
> 하이 고찌라에 도-조
>
> A : 디지털 카메라는 있습니까?
> B : 네, 이쪽으로 오세요.

잠깐 봐도 되나요?
少し見てもいいですか。
스코시 미떼모 이-데스까

다른 것이 있습니까?
他のはありますか。
호카노와 아리마스까

> 일본의 옷은 우리나라에는 없는 XS사이즈(S보다 작음)가 있으며, 전체적으로도 한 치수 정도 작습니다.

다른 것을 보여 주세요.
他のものを見せてください。
호카노 모노오 미세떼 쿠다사이

저걸 보여 주세요.
あれを見せてください。
아레오 미세떼 쿠다사이

좀 작은 것은 없습니까?
少し小さいのはありませんか。
스코시 치-사이노와 아리마셍까

쇼핑·식사

스커트 종류를 보여 주시지 않겠습니까?

スカートのほうを見せてくださいませんか。

스카-토노 호-오 미세떼 쿠다사이마셍까

좀더 수수한 건 없나요?

もう少し地味なものはありませんか。

모- 스코시 지미나 모노와 아리마셍까

이거 어울려요?

これ似合いますか。

고레 니아이마스까

이거랑 같은 건 없나요?

これと同じものはないですか。

고레또 오나지모노와 나이데스까

이게 제일 잘 팔립니다.

これが一番売れています。

고레가 이찌방 우레떼 이마스

165

제7장   2. 슈퍼에서

> **주요표현**
>
> A : りんごはありますか。
> 링고와 아리마스까
>
> B : はい、あります。三つで100円です。
> 하이 아리마스 밋쯔데 햐꾸엔데스
>
> A : 사과 있습니까?
> B : 네, 있습니다. 3개에 100엔입니다.

채소 코너는 어디입니까?
野菜コーナーはどこですか。
야사이 코-나-와 도코데스까

감자는 얼마에요?
じゃがいもはいくらですか。
쟈가이모와 이쿠라데스까

양상추 2개 주세요.
レタス二つください。
레타스 후타쯔 쿠다사이

이 고기는 부드럽습니까?
この肉は柔らかいですか。
고노 니꾸와 야와라까이데스까

찌개용 돼지고기를 주세요.
鍋用の豚肉をください。
나베요-노 부타니꾸오 쿠다사이

쇼핑·식사

이 생선은 신선합니까?
この魚(さかな)は新鮮(しんせん)ですか。
고노 사까나와 신셍데스까

카트를 갖고 오는 게 편할 것 같군요.
カートを持(も)って来(き)たほうがよさそうですね。
카-토오 못떼키따호-가 요사소-데스네

이거 유통기한이 지났는데요.
これ、賞味期限(しょうみきげん)が過(す)ぎていますが。
고레 쇼-미키겡가 스기떼 이마스가

맛을 봐도 되나요?
味(あじ)みてもいいですか。
아지 미떼모 이-데스까

일본은 소비세가 포함되지 않은 가격으로 표시되어 있기 때문에 쇼핑을 할 때 주의해서 가격 계산을 해야 합니다. 슈퍼와 같은 곳에는 소비세가 포함되지 않은 가격과 포함된 가격 둘 다 표시를 해두기도 합니다.

제7장 3. 가격 흥정하기

주요표현

A : いくらですか。
이쿠라데스까

B : 5千円です。
고셍엔데스

A : 얼마입니까?
B : 5천 엔입니다.

전부 얼마입니까?
全部でいくらですか。
젬부데 이쿠라데스까

이건 가격이 어떻게 돼요?
こちらの値段は。
고치라노 네당와

소비세 포함입니까?
消費税込みですか。
쇼-히제- 코미데스까

소비세 포함한 가격입니까?
税金を含んだ値段ですか。
제-킹오 후꾼다 네단데스까

좀 비싸네요.
ちょっと高いですね。
촛또 다카이데스네

쇼핑 · 식사

생각보다 비싸네요.
思ったより高いですね。
오못따요리 다카이데스네

좀더 싼 것은 없습니까?
もっと安いのはありませんか。
못또 야스이노와 아리마셍까

할인할 수 있습니까?
割り引きできますか。
와리비키 데키마스까

> 일본은 정찰제여서 우리나라처럼 깎는 문화가 없습니다. 그래서 무작정 가격을 깎다가 낭패를 볼 수도 있습니다.

2500엔으로 깎아드리겠습니다.
2500円にお負けいたします。
니셍고-햐꾸엔니 오마케이따시마스

따로따로 팝니까?
ばら売りしてますか。
바라우리 시테마스까

좀 생각해 볼게요.
少し考えてみます。
스코시 캉가에떼 미마스

돈이 모자라요.
お金が足りません。
오카네가 타리마셍

제7장 4. 물건 값 계산하기

주요표현

A : これはいかがでしょうか。
고레와 이카가데쇼-까

B : いいですね。じゃ、これにします。
이-데스네 쟈 코레니 시마스

A : 이건 어떻습니까?
B : 좋네요. 자, 이것으로 하겠습니다.

신용카드로 계산하고 싶은데요.
クレジットカードで支払いたいんですが。
크레짓또카-도데 시하라이따인데스가

이 카드는 쓸 수 있습니까?
このカードは使えますか。
고노 카-도와 쯔카에마스까

선물이니까 포장해 주세요.
プレゼントですから包装してください。
프레젠또데스까라 호-소-시떼 쿠다사이

포장해 주세요.
包んでください。
쯔츤데 쿠다사이

계산은 따로따로 해 주세요.
支払いは別々でお願いします。
시하라이와 베쯔베쯔데 오네가이시마스

쇼핑·식사

거스름돈 300엔입니다.
３００円のお返しです。
삼뱌꾸엔노 오카에시데스

여기 영수증입니다.
こちら領収証です。
고치라 료-슈-쇼-데스

> レシート는 기계에서 인쇄되어 나오는 영수증을 뜻하며, 領収証은 손으로 쓴 것을 가리킵니다.

영수증 주세요.
レシートください。
레시-또 쿠다사이

거스름돈이 모자라요.
おつりが足りません。
오쯔리가 타리마셍

거스름돈이 틀려요.
おつりが違います。
오쯔리가 치가이마스

제7장   5. 교환, 반품

주요표현

A : どうかなさいましたか。
도-카 나사이마시타까

B : これを返品したいんですが。
고레오 헴삥시타인데스가

A : 무슨 일이십니까?
B : 이거 반품하고 싶은데요.

색깔이 변했어요.

色が変色していました。
이로가 헨쇼꾸시떼 이마시타

여기가 찢겨져 있어요.

ここが破れています。
고꼬가 야부레떼 이마스

보증서는 있습니까?

保証書はありますか。
호쇼-쇼와 아리마스까

바꿔주실 수 있나요?

取り替えていただけますか。
토리카에떼 이타다케마스까

교환 가능한가요?

交換できますか。
코-칸 데키마스까

쇼핑 • 식사

환불 받고 싶은데요.
払い戻ししたいんですが。
하라이모도시 시타인데스가

사이즈만 바꿔주세요.
サイズだけ変えてください。
사이즈다께 카에떼 쿠다사이

가격은 같습니까?
値段は同じですか。
네당와 오나지데스까

가격표를 떼면 반품은 안됩니다.
値札を取ったら払い戻しはできません。
네후다오 톳따라 하라이모도시와 데키마셍

제7장   6. 음식점에서

> **주요표현**
>
> A：いらっしゃいませ。
> 이랏샤이마세
>
> B：予約しておいた中村ですが。
> 요야꾸시테 오이따 나카무라데스가
>
> A : 어서 오십시오.
> B : 예약해 둔 나카무라인데요.

몇 분이십니까?
何名さまでしょうか。
남메-사마데쇼-까

여섯 시에 예약했습니다만, 확인해 주시겠습니까?
6時に予約したんですが、確認していただけますか。
로꾸지니 요야꾸시탄데스가 가꾸닌시떼 이타다케마스까

거기는 예약석입니다.
そこは予約席です。
소코와 요야꾸세키데스

창가 자리로 부탁합니다.
窓側の席でお願いします。
마도가와노 세키데 오네가이시마스

지금 만석입니다.
いま満席でございます。
이마 만세키데 고자이마스

쇼핑 · 식사

기다리시겠습니까?
お待ちになりますか。
오마치니 나리마스까

어느 정도 기다려야 합니까?
どのくらい待ちますか。
도노 쿠라이 마치마스까

> 대부분의 음식점들은 규모가 작고 항상 사람들로 붐벼서 줄을 서서 기다려야 하는 경우가 많습니다.

그럼 기다릴게요.
では、待ちます。
데와 마치마스

오래 기다리셨습니다.
お待たせしました。
오마타세시마시따

이쪽으로 오세요.
こちらへどうぞ。
고치라에 도-조

175

제7장 7. 음식 주문하기

주요표현

A : ご注文なさいますか。
고츄-몽 나사이마스까

B : うどんを一つください。
우동오 히토쯔 쿠다사이

A : 주문하시겠습니까?
B : 우동 하나 주세요.

주문 받아주세요.

注文お願いします。
츄-몽 오네가이시마스

메뉴를 보여주세요.

メニューを見せてください。
메뉴-오 미세떼 쿠다사이

이 식당의 추천 요리는 뭡니까?

この食堂のお勧め料理は何ですか。
고노 쇼꾸도-노 오스스메료-리와 난데스까

인기 메뉴가 뭡니까?

人気メニューは何ですか。
닝끼메뉴-와 난데스까

이건 무슨 요리입니까?

これはどんな料理ですか。
고레와 돈나 료-리데스까

176

쇼핑 · 식사

초밥이 먹고 싶습니다.

寿司が食べたいです。

스시가 타베따이데스

얼마나 걸리나요?

どのくらいかかりますか。

도노 쿠라이 카카리마스까

이걸로 주세요.

これをください。

고레오 쿠다사이

같은 걸로 부탁해요.

同じものでお願いします。

오나지 모노데 오네가이시마스

식권을 구입해 주세요.

食券をお求めください。

쇽켄오 오모토메 쿠다사이

일본의 음식점에는 자판기를 이용해서 주문을 받는 곳이 많습니다. 주문하는 방법은 입구에 있는 자판기에서 식권을 구입해 주방에 주면 됩니다. 이러한 모습은 시내나 회사 주변의 음식점에서 특히 많이 볼 수 있습니다.

제7장 8. 패스트푸드점에서

> A : ご注文なさいますか。
> 고츄-몽 나사이마스까
>
> B : チーズバーガーセット二つください。
> 치-즈바-가셋또 후타쯔 쿠다사이
>
> A : 주문하시겠어요?
> B : 치즈버거 세트 두 개 주세요.

뭘로 드시겠습니까?

何になさいますか。
나니니 나사이마스까

양상추는 넣지 말아 주세요.

レタスは入れないでください。
레타스와 이레나이데 쿠다사이

피클 뺀 걸로 주세요.

ピクルス抜きでお願いします。
피크루스 누키데 오네가이시마스

음료수는 어떤 것이 있습니까?

飲み物は何がありますか。
노미모노와 나니가 아리마스까

여기서 드실 건가요?

ここでお召し上がりですか。
고꼬데 오메시아가리데스까

쇼핑·식사

가져가실 건가요?
お持ち帰りですか。
오모치카에리데스까

커피 리필 되나요?
コーヒーのお代りはできますか。
코-히-노 오카와리와 데키마스까

주문은 다 하셨습니까?
ご注文は以上でよろしいですか。
고츄-몽와 이죠-데 요로시-데스까

빨리 되는 것은 무엇입니까?
早くできるものは何ですか。
하야꾸 데키루 모노와 난데스까

제7장

9. 맛에 대한 표현

> **주요표현**
>
> A : 辛い物は好きですか。
> 카라이모노와 스키데스까
>
> B : ええ、好きです。
> 에- 스키데스
>
> A : 매운 것을 좋아하세요?
> B : 네, 좋아합니다.

깔끔한 맛이군요.

さっぱりした味ですね。

삽빠리시타 아지데스네

아주 맛이 담백합니다.

すごく淡泊な味です。

스고쿠 담파꾸나 아지데스

기름진 것은 좋아하지 않습니다.

脂っこいものは好きではありません。

아부락꼬이 모노와 스키데와 아리마셍

맛있네요.

おいしいですね。

오이시-데스네

맛있다!

うまい！

우마이

> うまいは 男性 言語이기 때문에 여자들은 많이 쓰지 않습니다. おいしいは 남녀 공용 표현입니다.

쇼핑 · 식사

맛이 좋군요.
すごくいい味ですね。
스고꾸 이- 아지데스네

맛이 진하군요.
味が濃いですね。
아지가 코이데스네

좀 짜요.
少し塩辛いです。
스코시 시오카라이데스

조금 싱겁습니다.
少しうすいです。
스코시 우스이데스

이건 너무 맵군요.
これは辛すぎますね。
고레와 카라스기마스네

이건 맛없네요.
これはまずいですね。
마즈이데스네

제7장 10. 술을 마실 때

주요표현

A : 私が一杯お注ぎしましょう。
와따시가 입빠이 오쯔기시마쇼-

B : どうも。
도-모

A : 제가 한잔 따라 드리지요.
B : 감사합니다.

가볍게 한잔 어떻습니까?
かるく一杯どうですか。
카루꾸 입빠이 도-데스까

생맥주 하나 주세요.
生ビール一本ください。
나마비-루 입뽕 쿠다사이

건배!
乾杯!
감빠이

건배할까요?
乾杯しましょうか。
감빠이 시마쇼-까

술이 센 것 같군요.
お酒強そうですね。
오사케 쯔요소-데스네

쇼핑·식사

술은 못 마십니다.
お酒は飲めません。
오사케와 노메마셍

조금 더 드실래요?
もう少しいかがですか。
모- 스코시 이카가데스까

> 우리나라는 잔을 비우고 술을 따르지만, 일본은 첨잔을 하기 때문에 잔이 비지 않도록 살피면서 마십니다.

한잔 더 하세요.
もう一杯どうぞ。
모- 입빠이 도-조

이제 됐습니다.
もうけっこうです。
모- 겟꼬-데스

> 술을 더 마시기 싫을 때는 손으로 컵을 덮으면서 정중히 사양하면 더이상 권하지 않습니다.

이 이상은 못 마십니다.
これ以上は飲めません。
고레 이죠-와 노메마셍

취했습니다.
よっぱらいました。
욥빠라이마시타

숙취는 없습니까?
二日酔いはしませんか。
후쯔카요이와 시마셍까

제7장   11. 식사 시의 기타 요청

> A : お湯も一杯お願いします。
> 오유모 입빠이 오네가이시마스
>
> B : はい、かしこまりました。
> 하이 카시코마리마시따
>
> A : 따뜻한 물도 한잔 주세요.
> B : 네, 알겠습니다.

먹는 법을 가르쳐 주세요.
食べ方を教えてください。
타베카따오 오시에떼 쿠다사이

덜어 먹는 접시를 주실 수 있습니까?
取り皿をいただけますか。
토리자라오 이따다케마스까

주문한 것과 다른데요.
これは注文したのと違いますが。
고레와 츄-몽시타노또 치가이마스가

젓가락을 떨어뜨렸습니다.
箸を落としてしまいました。
하시오 오토시떼 시마이마시따

재떨이 좀 갖다 주시겠어요?
灰皿を持ってきていただけませんか。
하이자라오 못떼 키떼 이따다케마셍까

쇼핑·식사

냅킨 주세요.

ナプキンをお願いします。

나프킹오 오네가이시마스

안에 뭐가 들어가 있는데요.

中に何か入ってますけど。

나카니 나니까 하잇떼마스께도

물수건 하나 더 주세요.

おしぼりをもう一本ください。

오시보리오 모- 입뽕 쿠다사이

식탁 좀 치워주시겠어요?

もう下げていただけますか。

모- 사게떼 이타다케마스까

한 그릇 더 주시겠어요?

お代りできますか。

오카와리 데키마스까

제7장 12. 식사비 계산하기

> A : お勘定お願いします。
> 오칸죠- 오네가이시마스
>
> B : はい、会計2500円になります。
> 하이 카이케- 니셍고햐구엔니 나리마스
>
> A : 계산해 주세요.
> B : 네, 합계 2500엔입니다.

어디서 계산하면 되나요?
どちらで払ったらいいですか。
도찌라데 하랏따라 이-데스까

계산해 주세요.
お勘定してください。
오칸죠-시떼 쿠다사이

오늘은 제가 한 턱 낼게요.
今日は私がおごります。
쿄-와 와따시가 오고리마스

다음은 제가 내겠습니다.
次は私が払います。
쯔기와 와따시가 하라이마스

각자 부담으로 합시다.
割り勘にしましょう。
와리칸니 시마쇼-

쇼핑 · 식사

전부 얼마입니까?
全部でいくらですか。
젬부데 이쿠라데스까

계산이 맞지 않습니다.
勘定が合っていません。
칸죠-가 앗떼 이마셍

주스는 주문하지 않았는데요.
ジュースは頼んでませんけど。
쥬-스와 타논데마셍께도

죄송합니다, 잘못 계산했습니다.
すみません、計算を間違えました。
스미마셍 케-산오 마치가에마시따

영수증을 주세요.
領収証をください。
료-슈-쇼-오 쿠다사이

　우리나라는 여러 사람이 같이 식사를 할 때에 한 사람이 돈을 내는 것이 일반화되어 있지만, 일본은 대부분 자신이 먹은 것은 각자 냅니다. 심지어 데이트를 할 때에도 남자가 무조건 비용을 부담하는 것이 아니라 각자 계산하기도 합니다.

관련단어

색깔

빨강	赤(あか)	아카
노랑	黄色(きいろ)	키-로
분홍	ピンク色(いろ)	핑크
주황색	オレンジ色(いろ)	오렌지이로
초록	緑(みどり)	미도리
파랑	青(あお)	아오
흰색	白(しろ)	시로
검은색	黒(くろ)	쿠로
갈색	茶色(ちゃいろ)	챠이로
보라	紫(むらさき)	무라사키
남색	紺色(こんいろ)	콩이로

옷・액세서리

바지	ズボン	즈봉
	パンツ	판츠
청바지	ジーパン	지-판
치마	スカート	스카-토
코트	コート	코-또
재킷	ジャケット	쟈켓또
슈트, 양복	スーツ	수-쯔
와이셔츠	ワイシャツ	와이샤쯔
겉옷, 상의	上着(うわぎ)	우와기
속옷	下着(したぎ)	시타기
지갑	財布(さいふ)	사이후

188

모자	帽子(ぼうし)	보-시
넥타이	ネクタイ	네쿠타이
벨트	ベルト	베루또
스카프	スカーフ	스카-후
백, 가방	バック	박꾸
신발, 구두	靴(くつ)	쿠쯔
양말	靴下(くつした)	쿠쯔시타
액세서리	アクセサリー	아쿠세사리-
귀걸이	イヤリング	이야링구
목걸이	ネックレス	넥크레스
반지	指輪(ゆびわ)	유비와
팔찌	ブレスレット	브레스렛또
치수	サイズ	사이즈
작다	小(ちい)さい	치-사이
크다	大(おお)きい	오-키-
길다	長(なが)い	나가이
짧다	短(みじか)い	미지카이
어울리다	似合(にあ)う	니아우
딱 맞음	ぴったり	핏따리
꼭 끼다	きつい	키쯔이
헐렁헐렁	だぶだぶ	다부다부
화려함	派手(はで)	하데
수수함	地味(じみ)	지미
품절, 매진	品切(しなぎ)れ	시나기레
	売(う)り切(き)れ	우리키레

관련단어

술・음료

음료	飲(の)み物(もの)	노미모노
찬물	お冷(ひ)や	오히야
	お水(みず)	오미즈
뜨거운 물	お湯(ゆ)	오유
와인	ワイン	와인
샴페인	シャンパン	샴판
위스키	ウィスキー	위스키-
칵테일	カクテル	카쿠테루
맥주	ビール	비-루
소주	焼酎(しょうちゅう)	쇼-츄-
정종	日本酒(にほんしゅ)	니혼슈
우롱차	ウーロン茶(ちゃ)	우-롱챠
녹차	お茶(ちゃ)	오챠
홍차	紅茶(こうちゃ)	코-챠
주스	ジュース	쥬-스
커피	コーヒー	코-히-

일본요리

어묵	おでん	오뎅
닭꼬치구이	焼(や)き鳥(とり)	야끼토리
야키소바	焼(や)きそば	야끼소바
스키야키	すき焼(や)き	스키야끼
샤브샤브	しゃぶしゃぶ	샤부샤부
볶음밥	チャーハン	챠-항

주먹밥	おにぎり	오니기리
오차즈케	お茶漬(ちゃづ)け	오챠즈케
우동	うどん	우동
메밀국수	そば	소바
초밥	寿司(すし)	스시
라면	ラーメン	라-멩
튀김	天(てん)ぷら	템뿌라
덮밥	どんぶり	돔부리
돈까스	とんカツ	통카쯔
오코노미야키	お好(この)み焼(や)き	오코노미야끼
된장국	味噌汁(みそしる)	미소시루
회	刺身(さしみ)	사시미
닭 튀김	空揚(からあ)げ	카라아게

맛

담백한	さっぱり	삽빠리
싱겁다	うすい	우쓰이
느끼하다	脂(あぶら)っこい	아부락꼬이
맛있다	おいしい	오이시-
	うまい	우마이
맛없다	まずい	마즈이
(맛이) 진하다	濃(こ)い	코이
맵다	辛(から)い	카라이
달다	甘(あま)い	아마이
떫다	渋(しぶ)い	시부이
쓰다	苦(にが)い	니가이

191

관련단어

시다, 시큼하다	酸(す)っぱい	습빠이
짜다	塩(しょ)っぱい	숍빠이
	塩辛(しおから)い	시오카라이
부드럽다	やわらかい	야와라카이
딱딱하다	かたい	카타이

요리법·조미료

씻다	洗(あら)う	아라우
굽다	焼(や)く	야꾸
삶다, 데치다	ゆでる	유데루
가열하다	熱(ねっ)する	넷스루
볶다	炒(いた)める	이타메루
삶다, 끓이다	煮(に)る	니루
튀기다	揚(あ)げる	아게루
설탕	砂糖(さとう)	사토-
소금	塩(しお)	시오
후추	こしょう	코쇼-
식초	酢(す)	스
간장	醤油(しょうゆ)	쇼-유

교통 **8장**

1. 길을 물을 때
2. 길을 안내할 때
3. 버스를 이용할 때
4. 택시를 이용할 때
5. 지하철을 이용할 때
6. 열차를 이용할 때
7. 기내에서

japanese

제8장 1. 길을 물을 때

> **주요표현**
>
> A : 東京ドームはどちらですか。
> 도-쿄-도-무와 도찌라데스까
>
> B : この道をずっと行ってください。
> 고노 미치오 즛또 잇떼 쿠다사이
>
> A : 도쿄돔은 어딥니까?
> B : 이 길을 쭉 가세요.

신주쿠에 가고 싶습니다만.
新宿へ行きたいのですが。
신쥬쿠에 이키타이노데스가

이 주소를 찾고 있습니다.
この住所を探しています。
고노 쥬-쇼오 사가시떼 이마스

박물관에 가는 길을 가르쳐 주시지 않겠습니까?
博物館への行き方を教えてくれませんか。
하꾸부쯔캉에노 이키카따오 오시에떼 쿠레마셍까

걸어서 몇 분 정도입니까?
歩いて何分ぐらいですか。
아루이떼 남뿡구라이데스까

걸어서 갈 수 있습니까?
歩いて行けますか。
아루이떼 이케마스까

교통

도쿄역은 어떻게 가면 되나요?

東京駅はどう行ったらいいでしょうか。

도-쿄-에끼와 도-잇따라 이-데쇼-까

여기서 멉니까?

ここから遠いですか。

고꼬까라 토-이데스까

이 지도에 표시를 해 주시겠습니까?

この地図に印をつけてもらえますか。

고노 치즈니 시루시오 쯔케떼 모라에마스까

아키하바라에 가는 길을 가르쳐 주세요.

秋葉原に行く道を教えてください。

아키하바라니 이쿠 미찌오 오시에떼 쿠다사이

이쪽 방향입니까?

こっちのほうですか。

곳찌노 호-데스까

제8장 2. 길을 안내할 때

A : この道を渡ってください。
고노 미찌오 와땃떼 쿠다사이

B : わかりました。どうも。
와카리마시따 도-모

A : 이 길을 건너세요.
B : 알겠습니다. 고맙습니다.

막다른 곳에 있습니다.
突き当たりにあります。
쯔키아타리니 아리마스

이 길로 곧장 가세요.
この道をまっすぐ行ってください。
고노 미찌오 맛스구 잇떼 쿠다사이

이 모퉁이를 오른쪽으로 도십시오.
この角を右に曲がってください。
고노 카도오 미기니 마갓떼 쿠다사이

그 길의 맞은편에 있습니다.
その道の向かい側にあります。
소노 미찌노 무카이가와니 아리마스

두 번째 건물입니다.
2番目の建物です。
니방메노 타테모노데스

교통

좌측으로 꺾어지는 겁니까?
左に曲がるのですか。
히다리니 마가루노데스까

곧장 30미터쯤 가시면 바로 거기에 있습니다.
３０メートルくらいまっすぐ行くと、すぐそこです。
산쥬-메-토루쿠라이 맛스구 이쿠또 스구 소코데스

5분밖에 안 걸려요.
５分しかかかりません。
고훈시카 가카리마셍

한 10분 정도 걸립니다.
だいたい１０分ほどかかります。
다이따이 줍뽕호도 가카리마스

버스를 타는 게 좋을 거에요.
バスに乗ったほうがいいですよ。
바스니 놋따호-가 이-데스요

제8장 3. 버스를 이용할 때

> A : このバスは銀座へ行きますか。
> 고노 바스와 긴자에 이키마스까
>
> B : はい、行きます。
> 하이 이키마스
>
> A : 이 버스는 긴자에 갑니까?
> B : 네, 갑니다.

버스 타는 곳은 어디입니까?
バス乗り場はどこでしょうか。
바스노리바와 도코데쇼-까

이 버스는 어디 행입니까?
このバスはどこ行きですか。
고노 바스와 도코유키데스까

신주쿠 가는 버스정류장은 어디입니까?
新宿行きのバス乗り場はどこですか。
신쥬쿠유키노 바스노리바와 도코데스까

버스는 몇 분마다 있습니까?
バスは何分ごとにありますか。
바스와 남뿡고토니 아리마스까

다음 버스는 언제 있어요?
次のバスは何時ですか。
쯔기노 바스와 난지데스까

교통

10분 간격으로 버스가 있어요.
１０分おきにバスがあります。
쥽뿡 오키니 바스가 아리마스

시부야에서 섭니까?
渋谷で止まりますか。
시부야데 토마리마스까

어디서 내리면 됩니까?
どこで降りればいいですか。
도코데 오리레바 이-데스까

종점에서 내리세요.
終点で降りてください。
슈-뗀데 오리떼 쿠다사이

> 일본은 손님이 다 내릴 때까지 기다려주기 때문에 버스가 완전히 멈춘 뒤에 천천히 일어나도 됩니다.

신주쿠에 도착하면 내려주세요.
新宿に着いたら下ろしてください。
신쥬쿠니 쯔이따라 오로시떼 쿠다사이

저, 지나쳤어요.
すみません、乗り越しです。
스미마셍 노리코시데스

버스를 잘못 탔습니다.
バスを乗り違えました。
바스오 노리치가에마시따

제8장 4. 택시를 이용할 때

A : 渋谷駅までお願いします。
시부야 에끼마데 오네가이시마스

B : はい、かしこまりました。
하이 카시코마리마시따

A : 시부야 역까지 가 주세요.
B : 네, 알겠습니다.

택시 타는 곳은 어디입니까?

タクシー乗り場はどこですか。

타쿠시-노리바와 도코데스까

도쿄역까지 가 주세요.

東京駅まで行ってください。

도-쿄-에끼마데 잇떼 쿠다사이

택시를 불러주시겠어요?

タクシーを呼んでくれますか。

타쿠시-오 욘데 쿠레마스까

어디까지 가십니까?

どちらまで行きますか。

도찌라마데 이키마스까

앞으로 몇 분 정도 더 걸립니까?

あと何分ぐらいかかりますか。

아또 남뿡그라이 가카리마스까

교통

아직 멀었나요?
まだ遠いですか。
마다 토-이데스까

네, 거의 다 왔습니다.
はい、もうすぐです。
하이 모- 스구데스

도착했습니다.
着きました。
쯔키마시따

여기서 내려주세요.
ここで下ろしてください。
고꼬데 오로시떼 쿠다사이

저기서 세워 주실래요?
あそこで止めてくれますか。
아소코데 토메떼 쿠레마스까

일본의 택시는 자동문이어서 열고 닫을 필요가 없습니다. 그러나 기본요금이 약간 비싼 편이며, 길이 많이 막히기 때문에 부담이 될 수 있습니다. 반면, 버스는 시내의 경우 기본요금으로 갈 수 있고 배차 시간도 정확해서 이용하기 편리합니다.

제8장 5. 지하철을 이용할 때

> **주요표현**
>
> A : どこで乗り換えたらいいですか。
> 도코데 노리카에따라 이-데스까
>
> B : 品川駅で乗り換えてください。
> 시나가와에끼데 노리카에떼 쿠다사이
>
> A : 어디서 갈아타면 되나요?
> B : 시나가와 역에서 갈아타세요.

표는 어디서 살 수 있습니까?
切符はどこで買えますか。
킵뿌와 도꼬데 카에마스까

시부야 역에 가려면 무슨 선을 타야 됩니까?
渋谷駅に行くには何線に乗ればいいですか。
시부야에끼니 이쿠니와 나니센니 노레바 이-데스까

아키하바라에 가려면 야마노테선이 편리합니다.
秋葉原へ行くなら山手線が便利です。
아키하바라에 이쿠나라 야마노테셍가 벤리데스

도쿄 역에서 게이요선으로 갈아타세요.
東京駅で京葉線に乗り換えてください。
도-쿄-에끼데 케-요-센니 노리카에떼 쿠다사이

신주쿠 방면은 이쪽이 맞습니까?
新宿方面はこっちで合っていますか。
신쥬쿠호-멘와 콧찌데 앗떼 이마스까

202

교통

출구는 어느 쪽입니까?
出口はどちらですか。
데구찌와 도치라데스까

첫차는 몇 시에요?
始発は何時ですか。
시하쯔와 난지데스까

막차는 벌써 떠났습니까?
終電はもう出ましたか。
슈-덴와 모- 데마시타까

지하철은 몇 시에 끊깁니까?
地下鉄は何時になくなりますか。
치카테쯔와 난지니 나쿠나리마스까

노선을 잘못 탔어요.
路線を間違えました。
로셍오 마치가에마시따

전철은 JR과 지하철(도쿄 메트로)로 나뉘는데, 노선이 많고 사철도 있어서 매우 복잡합니다. 그리고 환승이 안되기 때문에 표를 각각 따로 끊어야 하는 불편함이 있습니다. 요즘은 JR 노선이 시내 중심을 돌아서 교통이 편리한 반면 조금 비싼 편입니다.

제8장   6. 열차를 이용할 때

주요표현

> A: この列車は京都行きですか。
> 고노 렛샤와 쿄-토유키데스까
>
> B: はい、そうです。
> 하이 소-데스
>
> A: 이 열차는 교토행입니까?
> B: 네, 그렇습니다.

오사카행 1장 주세요.

大阪行き一枚お願いします。

오-사카유키 이찌마이 오네가이시마스

교토까지 얼마입니까?

京都までいくらですか。

쿄-토마데 이쿠라데스까

왕복으로 주세요.

往復でください。

오-후꾸데 쿠다사이

> 新幹線(しんかんせん)의 좌석은 1등석인 グリーン席과 指定席(していせき), 自由席(じゆうせき)로 나뉩니다.

시간표를 주시지 않겠습니까?

時刻表をくださいませんか。

지코쿠효-오 쿠다사이마셍까

좌석을 예약해야 합니까?

座席の予約は必要ですか。

자세끼노 요야꾸와 히쯔요-데스까

교통

좀더 빠른 것은 없습니까?
もっと早いのはありませんか。
못또 하야이노와 아리마셍까

편도 부탁합니다.
片道でお願いします。
가타미찌데 오네가이시마스

금연석으로 주세요.
禁煙席をお願いします。
킹엔세끼오 오네가이시마스

창가 쪽 좌석을 주세요.
窓側の席をください。
마도가와노 세키오 쿠다사이

학생 할인 가능합니까?
学割がききますか。
가꾸와리가 키키마스까

> 학생할인은 学生割引(がくせいわりびき)이며, 줄여서 学割(がくわり)라고 많이 씁니다.

자리를 바꿔주실 수 있습니까?
席を替わっていただけますか。
세키오 카왓떼 이타다케마스까

205

제8장 7. 기내에서

> A : 私の席はどこですか。
> 와따시노 세키와 도코데스까
>
> B : ここの窓側ですね。
> 고꼬노 마도가와데스네
>
> A : 제 좌석은 어디입니까?
> B : 여기 창가쪽 자리네요.

이 자리에 앉아도 되겠습니까?
この席に座ってもいいですか。
고노 세키니 스왓떼모 이-데스까

잠깐 지나가겠습니다.
ちょっと通してください。
춋또 토-시떼 쿠다사이

기내에서 면세품을 판매합니까?
免税品を機内販売していますか。
멘제-힝오 기나이함바이 시떼 이마스까

얼마 후면 도쿄에 도착합니까?
あとどれくらいで東京に着きますか。
아또 도레쿠라이데 도-쿄-니 쯔키마스까

입국신고서 쓰는 법을 가르쳐 주세요.
入国カードの書き方を教えてください。
뉴-코꾸카-도노 가키카따오 오시에떼 쿠다사이

교통

화장실은 어디입니까?

トイレはどこですか。

토이레와 도코데스까

담요 한 장 갖다 주세요.

毛布を一枚持ってきていただけますか。

모-후오 이찌마이 못떼키떼 이타다케마스까

마실 것을 드릴까요?

飲み物はいかがですか。

노미모노와 이카가데스까

어떤 음료가 있나요?

どんな飲み物がありますか。

돈나 노미모노가 아리마스까

커피 주세요.

コーヒーください。

코-히- 쿠다사이

물 주세요.

お水をお願いします。

오미즈오 오네가이시마스

안전벨트를 매 주세요.

シートベルトをお締めください。

시-토베루토오 오시메 쿠다사이

 관련단어

교통수단

한국어	일본어	발음
자동차	自動車(じどうしゃ)	지도-샤
	車(くるま)	쿠루마
버스	バス	바스
택시	タクシー	탁시-
자전거	自転車(じてんしゃ)	지뗀샤
	ちゃりんこ	챠링코
오토바이	オートバイ	오-토바이
지하철	地下鉄(ちかてつ)	치카테쯔
전철	電車(でんしゃ)	덴샤
사철	私鉄(してつ)	시테쯔
쾌속	快速(かいそく)	카이소꾸
급행	急行(きゅうこう)	큐-코-
보통	各駅停車(かくえきていしゃ)	가꾸에끼테-샤
첫차	始発(しはつ)	시하쯔
막차	終電(しゅうでん)	슈-덴
고속버스	高速(こうそく)バス	코-소꾸바스
야간버스	夜行(やこう)バス	야코-바스
기차	汽車(きしゃ)	키샤
열차	列車(れっしゃ)	렛샤
철도	鉄道(てつどう)	테쯔도-
신간선	新幹線(しんかんせん)	싱깐센
비행기	飛行機(ひこうき)	히코-끼
표, 티켓	切符(きっぷ)	킵뿌
정기권	定期券(ていきけん)	테-키켕

관광 9장

1. 출입국 심사
2. 수하물 찾기
3. 세관에서
4. 방 예약, 방 구하기
5. 체크인하기
6. 룸서비스
7. 물품 보관
8. 체크아웃
9. 관광지에서
10. 사진을 찍을 때

japanese

제9장 1. 출입국 심사

주요표현

A : 入国の目的は何ですか。
뉴-코꾸노 모쿠테끼와 난데스까

B : 観光です。
캉코-데스

A : 입국 목적은 무엇입니까?
B : 관광입니다.

여권을 보여 주십시오.
パスポートを見せてください。
파스포-또오 미세떼 쿠다사이

입국신고서 주세요.
入国申告書をください。
뉴-코쿠싱코꾸쇼오 쿠다사이

> 입국신고서는 불법체류의 의심을 사지 않도록 체류할 곳의 주소를 정확히 기재합니다.

비즈니스입니다.
ビジネス関係です。
비지네스 캉케-데스

얼마나 머무를 겁니까?
どのくらい滞在しますか。
도노쿠라이 타이자이시마스까

도쿄에서는 어디에 머뭅니까?
東京ではどこに泊まりますか。
도-쿄-데와 도코니 토마리마스까

관광

어디에 숙박하십니까?
どちらに宿泊されますか。
도치라니 슈쿠하꾸사레마스까

일주일 정도 머무를 겁니다.
一週間ほど滞在します。
잇슈-캉호도 타이자이시마스

호텔에 투숙하려고 합니다.
ホテルに泊まります。
호테루니 토마리마스

귀국할 항공권은 가지고 계십니까?
帰国する航空券は持っていますか。
기코꾸스루 코-쿠-켕와 못떼 이마스까

일본은 처음입니까?
日本は初めてですか。
니홍와 하지메떼데스까

일본은 2007년 11월부터 외국인에 대한 출입국 심사를 엄격하게 시행하고 있습니다. 지문 인식과 안면 인식을 통해 인적사항을 파악하고 질문 또한 까다롭게 하는데, 이는 외국인의 불법체류 및 각종 범죄를 막기 위해서라고 합니다.

제9장 2. 수하물 찾기

> A : 荷物はどこで受け取るんですか。
> 니모쯔와 도코데 우케토룬데스까
>
> B : あそこです。
> 아소코데스
>
> A : 짐은 어디에서 찾습니까?
> B : 저기입니다.

제 짐을 찾아주세요.
私の荷物を探してください。
와따시노 니모쯔오 사가시떼 쿠다사이

짐 찾는 걸 좀 도와 주시겠습니까?
荷物を探すのを手伝ってもらえませんか。
니모쯔오 사가스노오 테쯔닷떼 모라에마셍까

제 짐이 보이지 않는데요.
私の荷物が見つからないんですが。
와따시노 니모쯔가 미쯔카라나인데스가

짐이 없어져 버렸습니다.
荷物がなくなってしまいました。
니모쯔가 나쿠낫떼 시마이마시따

어느 편으로 오셨습니까?
どの便でしたか。
도노빈데시타까

관광

한국항공 905편으로 도착했습니다.
韓国航空９０５便で着きました。
캉코꾸코-쿠- 큐-마루고빈데 쯔키마시따

짐은 이것뿐입니다.
荷物はこれだけです。
니모쯔와 코레다케데스

수하물표를 보여주시겠습니까?
手荷物引換証を見せていただけますか。
테니모쯔 히키카에쇼-오 미세떼 이타다케마스까

수하물표는 여기 있습니다.
手荷物引換証はこれです。
테니모쯔 히키카에쇼-와 코레데스

제 짐이 파손됐습니다.
私の荷物が壊れています。
와따시노 니모쯔가 코와레떼 이마스

제9장 3. 세관에서

주요표현

A : 申告するものはありませんか。
신코꾸스루 모노와 아리마셍까

B : はい、ありません。
하이 아리마셍

A : 신고할 것은 없습니까?
B : 네, 없습니다.

세관 검사는 어디서 합니까?
税関検査はどこですか。
제-캉켄사와 도코데스까

세관신고서를 가지고 있습니까?
税関届けは持っていますか。
제-캉토도케와 못떼 이마스까

가방을 열어주세요.
カバンを開けてください。
가방오 아케떼 쿠다사이

이 속에는 뭐가 들어 있습니까?
この中身は何ですか。
고노 나카미와 난데스까

이건 제 일상용품이에요.
これは私の身の回り品だけです。
고레와 와따시노 미노마와리힌다케데스

214

관광

이건 선물이에요.

これはお土産です。

고레와 오미야게데스

> お土産는 지역의 토산품을 일컫는 말로서, 주로 여행을 갔다 온 기념으로 주위 사람에게 선물합니다.

전부 제가 쓰는 겁니다.

全部自分で使うものです。

젬부 지분데 쯔카우 모노데스

이게 가지고 계신 것 전부입니까?

持ってるものはこれだけですか。

못떼루 모노와 고레다케데스까

이 가방은 관세를 지불하셔야 합니다.

このバックは関税を払わなければなりません。

고노 박꾸와 칸제-오 하라와나케레바 나리마셍

돈은 얼마나 가지고 계십니까?

お金のほうはどのくらい持っていますか。

오카네노 호-와 도노쿠라이 못떼 이마스까

215

제9장   4. 방 예약, 방 구하기

> A : お部屋ありますか。
> 오헤야 아리마스까
>
> B : はい、あります。
> 하이 아리마스
>
> A : 방 있습니까?
> B : 네, 있습니다.

방 하나를 예약하고 싶습니다.
一部屋を予約したいんですが。
히토헤야오 요야꾸시타인데스가

욕실이 딸려 있는 싱글룸을 부탁합니다.
風呂つきのシングルルームをお願いします。
후로쯔키노 싱그루루-무오 오네가이시마스

하루에 얼마입니까?
一泊いくらですか。
입빠꾸 이쿠라데스까

트윈룸으로 부탁합니다.
ツインルームでお願いします。
쯔인루-무데 오네가이시마스

에어컨은 딸려 있습니까?
クーラーは付いていますか。
쿠-라-와 쯔이떼 이마스까

관광

아침식사는 포함되어 있습니까?
朝食代は含まれていますか。
쵸-쇼꾸다이와 후쿠마레떼 이마스까

세금은 포함되어 있습니까?
税金込みですか。
제-킹코미데스까

좀더 싼 방은 없습니까?
もっと安い部屋はありませんか。
못또 야스이 헤야와 아리마셍까

이 방으로 할게요.
この部屋にします。
고노 헤야니 시마스

예약을 변경하고 싶습니다.
予約を変更したいんですが。
요야꾸오 헹코-시타인데스가

예약을 취소해 주세요.
予約を取り消してください。
요야꾸오 토리케시떼 쿠다사이

제9장 5. 체크인하기

> A : チェックインしたいのですが。
> 첵크인 시타이노데스가
>
> B : ご予約なさいましたか。
> 고요야꾸 나사이마시타까
>
> A : 체크인 하려고 합니다만.
> B : 예약하셨습니까?

체크인 부탁합니다.
チェックインをお願いします。
첵크잉오 오네가이시마스

오늘 예약한 김입니다.
今日予約しておいた金です。
쿄- 요야꾸시테 오이따 김데스

예약확인서를 주세요.
予約確認書をください。
요야꾸가쿠닌쇼오 쿠다사이

싱글룸으로 예약했습니다.
シングルルームを予約しました。
싱그루루-무오 요야꾸시마시타

예약하지 않았습니다만.
予約はしていないんですが。
요야꾸와 시떼 이나인데스가

관광

남는 방 있습니까?
空き部屋はありますか。
아키베야와 아리마스까

여기에 써넣어 주십시오.
これに書き込んでください。
고레니 카키콘데 쿠다사이

식당은 몇 시에 엽니까?
食堂は何時に開きますか。
쇼꾸도-와 난지니 아키마스까

체크아웃은 몇 시까지입니까?
チェックアウトは何時までですか。
첵크아우또와 난지마데데스까

일본은 벨보이가 따로 없고 호텔 직원들이 안내를 합니다. 짐을 대신 들어주거나 방까지 안내해 주기도 하는데, 이때 Tip은 따로 주지 않아도 됩니다. 이미 호텔숙박비에 포함되어 있기 때문입니다. 이는 룸서비스를 부탁한 뒤에도 마찬가지입니다.

제9장 6. 룸서비스

> **주요표현**
>
> A : 食事を部屋まで運んでいただけますか。
> 쇼꾸지오 헤야마데 하콘데 이타다케마스까
>
> B : はい、かしこまりました。
> 하이 카시코마리마시따
>
> A : 식사를 방으로 가져다 주시겠습니까?
> B : 네, 알겠습니다.

모닝콜을 부탁합니다.
モーニングコールをお願いします。
모-닝구코-루오 오네가이시마스

아침 6시에 깨워주세요.
朝6時に起こしてください。
아사 로꾸지니 오코시떼 쿠다사이

재떨이를 가져다 주세요.
灰皿を持ってきてください。
하이자라오 못떼 키떼 쿠다사이

콘센트는 어디에 있습니까?
コンセントはどこにありますか。
콘센토와 도꼬니 아리마스까

방을 바꿔주실 수 있나요?
部屋を替えてもらえますか。
헤야오 카에떼 모라에마스까

관광

화장실 휴지가 없습니다.

トイレットペーパーがありません。

토이렛또페-파-가 아리마셍

온수가 나오지 않습니다.

お湯が出ません。

오유가 데마셍

화장실 물이 안 나와요.

トイレの水が流れません。

토이레노 미즈가 나가레마셍

변기가 막혔는데요.

便器が詰まってるんですが。

벵끼가 쯔맛떼룬데스가

에어컨이 고장났어요.

クーラが壊れています。

쿠-라가 코와레떼 이마스

세탁 부탁합니다.

洗濯をお願いします。

센타꾸오 오네가이시마스

제9장 7. 물품 보관

A : 貴重品をあずかっていただけますか。
기쵸-힝오 아즈캇떼 이타다케마스까

B : はい、お名前と部屋番号を書いてください。
하이 오나마에또 헤야방고-오 카이떼 쿠다사이

A : 귀중품을 맡아주실 수 있습니까?
B : 네, 이름과 방 번호를 써 주십시오.

저녁까지 짐을 부탁합니다.
夕方まで荷物をお願いします。
유-가타마데 니모쯔오 오네가이시마스

맡긴 물품을 찾으려 합니다.
あずけた物を受け取りたいんです。
아즈케따 모노오 우케토리따인데스

맡긴 물건을 내주시겠습니까?
あずけ物を出していただけますか。
아즈케모노오 다시떼 이타다케마스까

이 물품을 체크아웃 할 때까지 보관해 주시겠습니까?
この品物をチェックアウトまで預かってもらえますか。
고노 시나모노오 첵크아우또마데 아즈캇떼 모라에마스까

환전 부탁합니다.
両替をお願いします。
료-가에오 오네가이시마스

관광

팩스 보낼 수 있습니까?

ファックスを送ることはできますか。

화쿠스오 오쿠루코토와 데키마스까

택시를 불러주시겠습니까?

タクシーを呼んでいただけますか。

타쿠시-오 욘데 이타다케마스까

이 가방을 한국으로 부치고 싶습니다.

このカバンを韓国まで送りたいんですが。

고노 가방오 캉코꾸마데 오쿠리따인데스가

방을 청소해 주시겠습니까?

部屋を掃除していただけませんか。

헤야오 소-지시떼 이타다케마셍까

방 열쇠를 잃어버렸습니다만.

部屋のカギを忘れてしまったんですが。

헤야노 카기오 와스레떼 시맛딴데스가

귀중품은 체크인 할 때 호텔에 맡기는 것이 안전합니다. 보관을 의뢰하지 않은 물품은 분실되어도 호텔에서는 책임지지 않습니다. 특히 현금과 카드, 여권 등은 항상 소지하고 외출하는 것이 안전합니다.

제9장 8. 체크아웃

> A : チェックアウトをお願いします。
> 첵꾸아우또오 오네가이시마스
>
> B : はい、お名前は何とおっしゃいますか。
> 하이 오나마에와 난또 옷샤이마스까
>
> A : 체크아웃 하겠습니다.
> B : 네, 성함이 어떻게 되십니까?

하룻밤 더 묵고 싶은데요.

もう一泊したいんですが。

모- 입빠꾸시타인데스가

하룻밤 연장하고 싶은데요.

一泊延長したいのですが。

입빠꾸 엔쬬-시타이노데스가

> 체크아웃 시간은 주로 오전 10시부터 12시 사이이며 가급적 시간을 넘기지 않도록 주의합니다.

체크아웃 하겠습니다.

チェックアウトします。

첵꾸아우또시마스

키를 반환하겠습니다.

キーを返します。

키-오 카에시마스

계산 부탁합니다.

会計をお願いします。

카이케-오 오네가이시마스

관광

여기 청구서입니다.
こちら請求書です。
고치라 세-큐-쇼데스

지불방법은 어떻게 하시겠습니까?
支払い方法はどうなさいますか。
시하라이 호-호-와 도- 나사이마스까

카드로 계산할 수 있습니까?
クレジットカードで支払いできますか。
크레짓또카-도데 시하라이 데키마스까

룸서비스는 받지 않았습니다만.
ルームサービスは頼んでないんですが。
루-무사-비스와 타논데 나인데스가

계산이 틀린 것 같은데요.
計算が間違ってるようですが。
케-상가 마치갓떼루요-데스가

제9장 9. 관광지에서

> **主要表現**
>
> A: ここにはどんな観光名所がありますか。
> 고꼬니와 돈나 캉코-메-쇼가 아리마스까
>
> B: 金閣寺が有名です。
> 킹카꾸지가 유-메-데스
>
> A: 여기에는 어떤 관광명소가 있나요?
> B: 금각사가 유명합니다.

입장료는 얼마인가요?
入場料はいくらですか。
뉴-죠-료-와 이쿠라데스까

입장권은 어디서 살 수 있습니까?
入場券はどこで買えますか。
뉴-죠-켕와 도코데 카에마스까

한국어 팸플릿은 없습니까?
韓国語のパンフレットはありませんか。
캉코꾸고노 팜후렛또와 아리마셍까

한국어 가이드는 있습니까?
韓国語のガイドはありますか。
캉코꾸고노 가이도와 아리마스까

가이드를 하룻동안 부탁하고 싶은데요.
ガイドを一日お願いしたいんですが。
가이도오 이찌니찌 오네가이시따인데스가

관광

시내 관광코스는 있나요?
市内観光コースはありますか。
시나이캉코- 코-스와 아리마스까

비용은 얼마입니까?
費用はいくらですか。
히요-와 이쿠라데스까

> 일본에는 도쿄 시내 및 근교를 하루 코스로 관광할 수 있는 ハトバス(하토버스)가 있습니다.

저는 하코네에 가보고 싶어요.
私は箱根へ行ってみたいです。
와따시와 하코네에 잇떼 미따이데스

저는 가부키가 보고 싶어요.
私は歌舞伎が見たいです。
와따시와 카부키가 미따이데스

이 건물은 언제 지어진 건가요?
この建物はいつ作られたものですか。
고노 타테모노와 이쯔 쯔쿠라레따 모노데스까

제9장 — 10. 사진을 찍을 때

> **주요표현**
>
> A : シャッターを押してもらえますか。
> 샷타-오 오시떼 모라에마스까
>
> B : はい、いいですよ。
> 하이 이-데스요
>
> A : 셔터를 눌러주시겠습니까?
> B : 네, 좋아요.

여기서 사진 찍어도 됩니까?
ここで写真を撮ってもいいですか。
고꼬데 샤싱오 톳떼모 이-데스까

여기서 사진을 찍읍시다.
ここで写真を撮りましょう。
고꼬데 샤싱오 토리마쇼-

같이 사진 찍지 않을래요?
一緒に写真撮りませんか。
잇쇼니 샤싱 토리마셍까

자, 웃으세요.
じゃ、笑ってください。
쟈 와랏떼 쿠다사이

사진을 찍어주시겠습니까?
写真を撮ってくれませんか。
샤싱오 톳떼 쿠레마셍까

관광

필름은 어디에서 살 수 있습니까?
フィルムはどこで買えますか。
휘르무와 도코데 카에마스까

셔터를 누르기만 하면 됩니다.
シャッターを押すだけでいいです。
샤타-오 오스다케데 이-데스

한장 더 찍을게요.
もう一枚撮ります。
모- 이찌마이 토리마스

나중에 보내드릴게요.
後で送りますよ。
아또데 오쿠리마스요

일본의 일회용 카메라는 한국에서 인화가 안될 수도 있기 때문에, 가능하면 일본에서 인화하는 것이 좋습니다. 전자상가나 대형마트에 카메라 관련 코너가 있으며, 디지털 카메라로 찍은 사진도 직접 인화할 수 있는 기계가 있어서 이용하기 편리합니다.

관련단어

공항

한국어	日本語	발음
공항	空港(くうこう)	쿠-코-
국내선	国内線(こくないせん)	고꾸나이센
국제선	国際線(こくさいせん)	곡사이센
입국	入国(にゅうこく)	뉴-코꾸
출국	出国(しゅっこく)	슛코꾸
탑승권	搭乗券(とうじょうけん)	토-죠-켕
스튜어디스	スチュワーデス	스츄와-데스
스튜어드	スチュワード	스츄와-도
일반석	エコノミークラス	에코노미-크라스
비즈니스석	ビジネスクラス	비지네스크라스
일등석	ファーストクラス	화-스토크라스
여권	パスポート	파스포-또
비자	ビザ	비자
검역	検疫(けんえき)	켕에끼
관세	関税(かんぜい)	칸제-
세관	税関(ぜいかん)	제-캉
세금	税金(ぜいきん)	제-킹
면세점	免税店(めんぜいてん)	멘제-텡
슈트케이스	スーツケース	스-쯔케-스

방종류・룸서비스

한국어	日本語	발음
숙박	宿泊(しゅくはく)	슈쿠하꾸
호텔	ホテル	호테루
여관	旅館(りょかん)	료캉

유스호스텔	ユースホステル	유-스호스테루
민박	民宿(みんしゅく)	민슈꾸
프런트	フロント	후론토
예약	予約(よやく)	요야꾸
싱글룸	シングルルーム	싱그루루-므
트윈룸	ツインルーム	쯔인루-므
빈방	空(あ)き部屋(べや)	아키베야
방이 다 참	満室(まんしつ)	만시쯔
노천온천	露天風呂(ろてんぶろ)	로텐부로
체크인	チェックイン	쳊크인
체크아웃	チェックアウト	쳊크아우토
룸서비스	ルームサービス	루-무사-비스

관광지

관광지	観光地(かんこうち)	캉코-치
당일치기 여행	日帰(ひがえ)り旅行(りょこう)	히가에리료코-
명승지	名所(めいしょ)	메-쇼
명물	名物(めいぶつ)	메-부쯔
문화재	文化財(ぶんかざい)	붕카자이
여행안내소	旅行案内所(りょこうあんないじょ)	료코-안나이죠
입장료	入場料(にゅうじょうりょう)	뉴-죠-료-
입장권	入場券(にゅうじょうけん)	뉴-죠-켕
매표소	切符売(きっぷう)り場(ば)	킵뿌우리바
신사	神社(じんじゃ)	진쟈

 **관련단어**

한국어	일본어	발음
절	寺(てら)	테라
큰 불상	大仏(だいぶつ)	다이부쯔
제비	おみくじ	오미쿠지
부적	お守(まも)り	오마모리
금각사	金閣寺(きんかくじ)	킹카쿠지
기요미즈테라	清水寺(きよみずてら)	키요미즈테라
료안지	竜安寺(りょうあんじ)	료-안지
아사쿠사	浅草(あさくさ)	아사쿠사
가마쿠라	鎌倉(かまくら)	가마쿠라
하코네	箱根(はこね)	하코네
오타루	小樽(おたる)	오타루
선물	お土産(みやげ)	오미야게

10장

위급상황

1. 도둑 맞았을 때
2. 물건을 잃어버렸을 때
3. 사고를 당했을 때
4. 고장 난 것을 수리할 때

japanese

제10장 1. 도둑 맞았을 때

> A : どうしたんですか、佐藤さん。
> 도-시탄데스까 사토-상
>
> B : すりに遭ったようです。
> 스리니 앗따요-데스
>
> A : 사토 씨, 왜 그러세요?
> B : 소매치기당한 것 같아요.

지갑을 소매치기당했습니다.

財布をすられました。

사이후오 스라레마시따

도둑 잡아라!

どろぼう! 捕まえて!

도로보- 쯔카마에떼

가방을 도난당했습니다.

バッグを取られました。

박구오 토라레마시따

경찰에 신고하세요.

警察に届けてください。

케-사쯔니 토도케떼 쿠다사이

파출소는 어디에요?

交番はどこですか。

코-방와 도코데스까

위급상황

어디에서 도난당했습니까?
どこで盗(ぬす)まれましたか。
도코데 누스마레마시타까

도난신고를 하려고 합니다만.
盗難(とうなん)届(とど)けを出(だ)したいんですが。
토-난토도케오 다시따인데스가

얼마나 갖고 있었습니까?
いくら持(も)っていたんですか。
이쿠라 못떼이탄데스까

소매치기는 벌써 도망가버렸어요.
すりはもう逃(に)げてしまいました。
스리와 모- 니게떼 시마이마시따

제10장 2. 물건을 잃어버렸을 때

> **A : バッグを忘れてしまいました。**
> 박구오 와스레떼 시마이마시따
>
> **B : 中に何が入っていましたか。**
> 나카니 나니가 하잇떼 이마시타까
>
> A : 백을 잃어버렸어요.
> B : 안에 무엇이 들어 있었습니까?

제 짐이 보이지 않아요.

私の荷物がみつかりません。

와따시노 니모쯔가 미쯔카리마셍

지갑을 잃어버렸어요.

財布をなくしました。

사이후오 나쿠시마시따

여권을 잃어버렸습니다.

パスポートをなくしました。

파스포-토오 나쿠시마시따

가방 안을 잘 찾아보셨나요?

かばんの中をよく探しましたか。

가반노 나카오 요꾸 사가시마시따까

어디서 잃어버렸는지 모르겠습니다.

どこでなくしたか分かりません。

도코데 나쿠시타까 와카리마셍

위급상황

안에는 현금이 들어 있었습니다.
中には現金が入っていました。
나카니와 겡낑가 하잇떼 이마시따

분실물 카운터에 가보세요.
紛失物カウンターに行ってみてください。
훈시쯔부쯔 카운타-니 잇떼 미떼 쿠다사이

유실물 센터는 어디입니까?
遺失物取扱所はどこですか。
이시쯔부쯔 토리아쯔카이쇼와 도코데스까

분실신고서를 작성해 주세요.
紛失届けに記入してください。
훈시쯔토도케니 기뉴-시떼 쿠다사이

발견하시면 여기로 연락 주세요.
見つかったらここに連絡をお願いします。
미쯔캇따라 고꼬니 렌라꾸오 오네가이시마스

찾으면 연락 주세요.
見つかったら知らせてください。
미쯔캇따라 시라세떼 쿠다사이

제10장   3. 사고를 당했을 때

> **A : 交通事故に遭いました。**
> 코-쯔-지코니 아이마시따
>
> **B : 救急車を呼びます。**
> 큐-큐-샤오 요비마스
>
> A : 교통사고 당했습니다.
> B : 구급차를 부르겠습니다.

사고입니다!
事故です！
지코데스

살려주세요!
助けて！
다스케떼

다친 사람이 있습니다.
けが人がいます。
케가닝가 이마스

응급처치를 해주세요.
応急手当をしてください。
오-큐-테아테오 시떼 쿠다사이

경찰을 불러 주세요.
警察を呼んでください。
케-사쯔오 욘데 쿠다사이

위급상황

도움을 청해 주세요.
助けを呼んでください。
다스케오 욘데 쿠다사이

구급차를 부탁합니다.
救急車をお願いします。
큐-큐-샤오 오네가이시마스

의사를 불러 주세요.
お医者さんを呼んでください。
오이샤상오 욘데 쿠다사이

보험은 들어 있습니까?
保険は入っていますか。
호켕와 하잇떼 이마스까

보험회사에도 연락해 주세요.
保険会社にも連絡してください。
호켕가이샤니모 렌라꾸시떼 쿠다사이

의사나 응급조치가 필요할 때는 호텔이나 주위 사람에게 도움을 청하도록 합니다. 일본은 화재 통보나 구급 요청 시 119번입니다. 그러나 경찰에 신고할 때는 우리나라와 다르게 110번이므로 헷갈리지 않도록 유의합니다.

제10장 4. 고장 난 것을 수리할 때

> A : テレビが故障していますが。
> 테레비가 코쇼-시떼 이마스가
>
> B : アンテナの具合が悪いですね。
> 안테나노 구아이가 와루이데스네
>
> A : 텔레비전이 고장 났는데요.
> B : 안테나 상태가 안 좋군요.

이 카메라는 고장 났습니다.
このカメラは壊れています。
고노 카메라와 코와레떼 이마스

컴퓨터가 고장 났습니다.
パソコンが故障しました。
파소콩가 코쇼-시마시따

안경을 망가뜨렸습니다.
眼鏡を壊しました。
메가네오 코와시마시따

수리했으면 합니다.
修理してほしいです。
슈-리시떼 호시이데스

이 드라이기를 수리해 주십시오.
このドライヤーを修理してください。
고노 도라이야-오 슈-리시떼 쿠다사이

위급상황

언제 다 됩니까?
いつでき上がりますか。
이쯔 데키아가리마스까

언제 고쳐집니까?
いつ仕上がりますか。
이쯔 시아가리마스까

금방 고쳐집니까?
すぐ直りますか。
스구 나오리마스까

전지를 갈아 주십시오.
電池を交換してください。
덴치오 코-칸시떼 쿠다사이

이것은 수리가 안됩니다.
これは修理できません。
고레와 슈-리 데키마셍

관련단어

분실・도난・사고

사고	事故(じこ)	지코
교통사고	交通事故(こうつうじこ)	코-쯔-지코
도난	盗難(とうなん)	토-난
도둑	泥棒(どろぼう)	도로보-
소매치기	すり	스리
유괴	誘拐(ゆうかい)	유-카이
협박	脅迫(きょうはく)	쿄-하꾸
살인	殺人(さつじん)	사쯔징
경찰	警察(けいさつ)	케-사쯔
순경, 경찰관	お巡(まわ)りさん	오마와리상
파출소	交番(こうばん)	코-방
분실물	紛失物(ふんしつぶつ)	훈시쯔부쯔

고장・수리

고장	故障(こしょう)	코쇼-
망가지다	壊(こわ)れる	코와레루
수리	修理(しゅうり)	슈-리
교환	交換(こうかん)	코-캉
고쳐지다	仕上(しあ)がる	시아가루
고치다	直(なお)す	나오스

그림단어 부록

- (1) 객실
- (2) 화장실
- (3) 컴퓨터
- (4) 카메라
- (5) 자전거
- (6) 승용차
- (7) 인체
- (8) 얼굴
- (9) 채소
- (10) 과일
- (11) 동물
- (12) 문구류

japanese

1. 객실

- ソファー   소파
- 枕(まくら)   베개
- 引(ひ)き出(だ)し   서랍
- 灰皿(はいざら)   재떨이
- コンセント   콘센트
- たんす   옷장

2. 화장실

- 歯(は)ブラシ 칫솔
- シャンプー 샴푸
- ドライヤー 드라이어
- せっけん 비누
- 蛇口(じゃぐち) 수도꼭지
- 剃刀(かみそり) 면도기

3. 컴퓨터

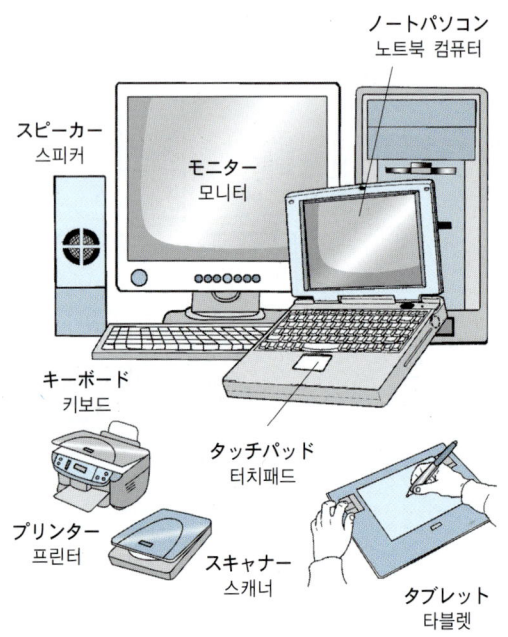

- マウス　마우스
- ドライブ　드라이브
- シーディーロム　CD롬
- ネットワーク　네트워크
- デスクトップパソコン　데스크탑 컴퓨터
- ワードプロセッサー　워드 프로세서

4. 카메라

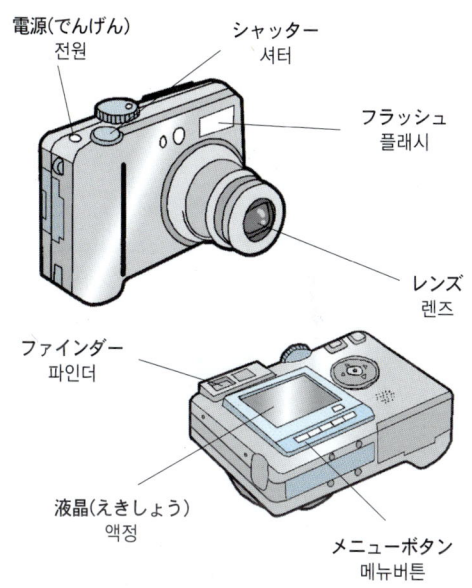

電源(でんげん) 전원
シャッター 셔터
フラッシュ 플래시
レンズ 렌즈
ファインダー 파인더
液晶(えきしょう) 액정
メニューボタン 메뉴버튼

- ズームレンズ　줌 렌즈
- カメラアングル　카메라 앵글
- 内蔵(ないぞう)メモリー　내장메모리
- メモリーカード　메모리카드
- デジタルカメラ　디지털 카메라
- 撮影(さつえい)モード　촬영 모드

5. 자전거

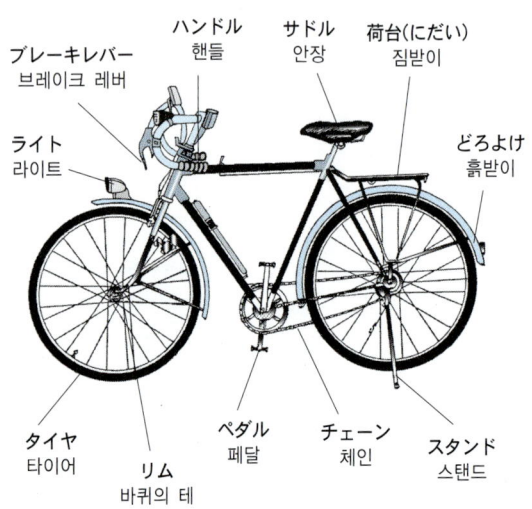

- **ホイール**　휠(바퀴)
- **スポーク**　바퀴살
- **変速機(へんそくき)**　변속기
- **グリップ**　손잡이
- **ギア**　기어

6. 승용차

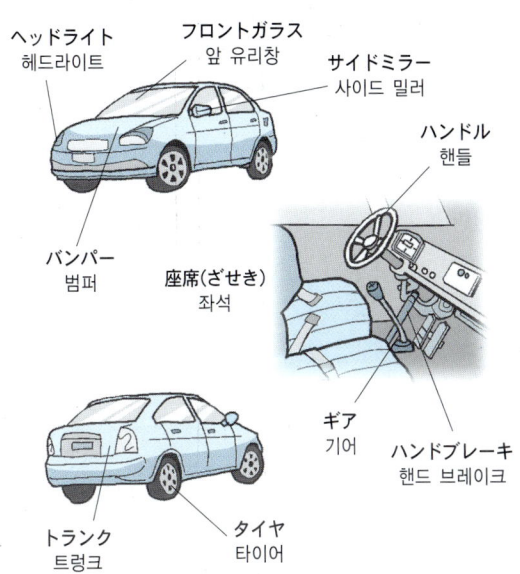

- ヘッドライト 헤드라이트
- フロントガラス 앞 유리창
- サイドミラー 사이드 밀러
- ハンドル 핸들
- バンパー 범퍼
- 座席(ざせき) 좌석
- ギア 기어
- ハンドブレーキ 핸드 브레이크
- トランク 트렁크
- タイヤ 타이어

- **警笛(けいてき)** 경적
- **シートベルト** 안전벨트
- **バックミラー** 백미러
- **クラッチ** 클러치
- **ブレーキ** 브레이크
- **アクセル** 액셀, 가속장치

7. 인체

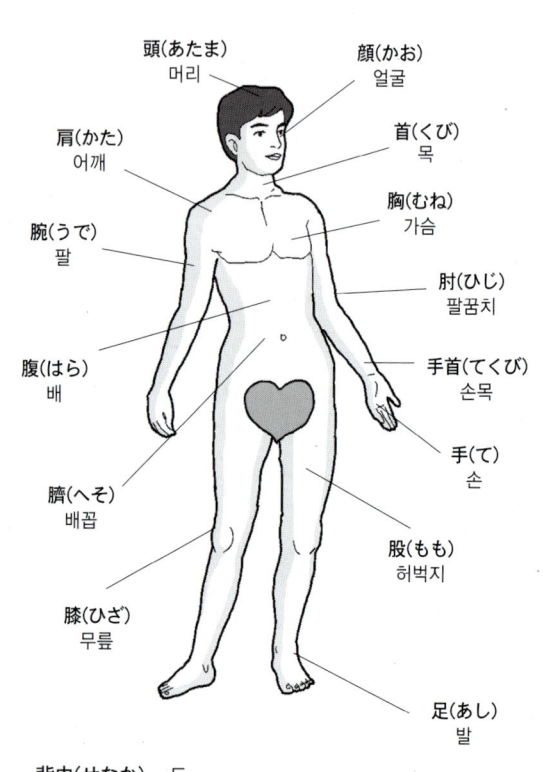

- 背中(せなか)　등
- 尻(しり)　엉덩이
- 腰(こし)　허리

8. 얼굴

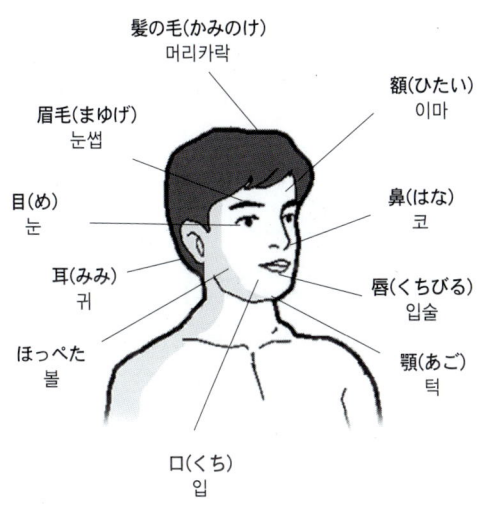

- まぶた　눈꺼풀
- まつげ　속눈썹
- 歯(は)　치아
- ひげ　수염
- 人中(にんちゅう)　인중
- 喉(のど)　목구멍

9. 채소

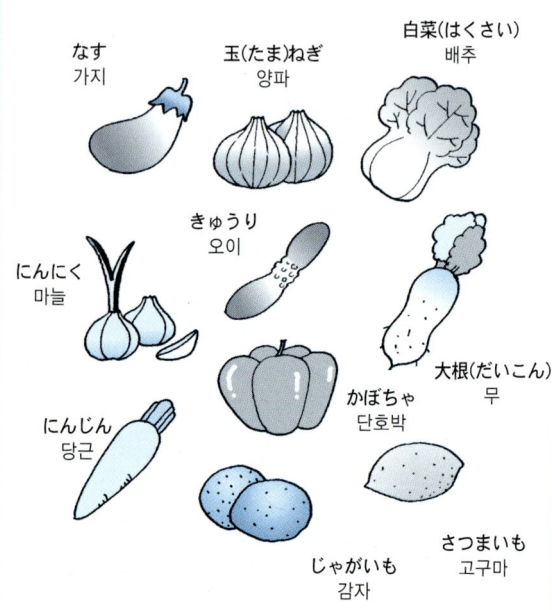

- にら　부추
- ねぎ　파
- レタス　양상추
- キャベツ　양배추
- とうがらし　고추
- ほうれんそう　시금치

10. 과일

いちご 딸기
レモン 레몬
かき 감
ぶどう 포도
オレンジ 오렌지
みかん 귤
すいか 수박
バナナ 바나나
パイナップル 파인애플
メロン 메론
梨(なし) 배
りんご 사과

- アボカド　아보카도
- マンゴー　망고
- すもも　자두
- 柚子(ゆず)　유자
- グレープフルーツ　자몽
- キウィ　키위

11. 동물(12지)

12. 문구류

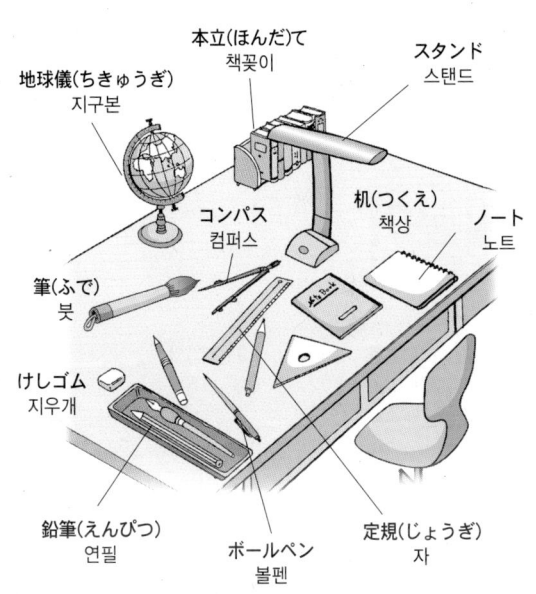

- シャープ 샤프
- 椅子(いす) 의자
- 辞書(じしょ) 사전
- 電子辞書(でんしじしょ) 전자사전
- 教科書(きょうかしょ) 교과서
- 万年筆(まんねんひつ) 만년필
- 本(ほん) 책
- 文房具(ぶんぼうぐ) 문방구

초판 1쇄 발행 2009년 9월 15일
22쇄 발행 2024년 6월 15일

엮은이   이지랭기지 스터디(Easy Language Study)
발행인   박해성
발행처   정진출판사
책임편집 김해영, 박주홍
디자인   허다경

주소   서울시 성북구 하월곡동 10-6호
         TEL (02)917-9900   FAX (02)917-9907
         www.jeongjinpub.co.kr

출판등록 1989년 12월 20일 제6-95

ISBN   978-89-5700-091-5 *13730

정가 6,800원